눈치 보지 않고 나만의 길을 간다

「오풍연처럼」

「오풍연처럼」

초판 1쇄 인쇄 2015년 9월 15일
초판 1쇄 발행 2015년 9월 20일

지은이 오풍연
표지디자인 누브티스 이경순
펴낸이 전익균

기 획 조양제, 누브티스
마케팅 권태형, 정우진
교 정 허 강
디자인 김 정
행사 및 매니지먼트 새빛에듀넷

펴낸곳 도서출판 새빛
주 소 서울시 송파구 가락로 102
전 화 (02) 2203-1996 팩스 (02) 417-2622
이메일 svedu@daum.net 홈페이지 www.bookclass.co.kr
등록번호 제215-92-61832호 등록일자 2010. 7. 12

값 15,000원
ISBN 978-89-92454-15-5(03190)
* 잘못 만들어진 책은 구입하신 곳에서 바꾸어 드립니다.

이 도서의 국립중앙도서관 출판시도서목록(CIP)은 서지정보유통지원시스템 홈페이지(http://seoji.nl.go.kr)와 국가자료공동목록시스템(http://www.nl.go.kr/kolisnet)에서 이용하실 수 있습니다.(CIP제어번호: CIP2015023583)

눈치 보지 않고 나만의 길을 간다

「오풍연처럼」

오풍연의 아홉 번째 에세이,

페북을 통해 세상과 소통하며

이 시대 청장년들에게

스스로의 힘으로 당당하게 살아갈

오풍연식 삶의 에너지를 전합니다.

오풍연 지음

한번 해 봅시다. 오풍연처럼!

요즘 난 작가라는 소리를 듣고 있다. 그동안 8권의 에세이집을 냈으니 그럴 만도 하다. 하지만 여전히 무명이다. 이름이 없는 만큼 설움도 많이 겪었다. 독자들의 관심을 끌지 못한 것은 순전히 작가인 내 탓이다. 그럼에도 책을 순순이 내준 출판사 측에 거듭 고마움을 전하지 않을 수 없다.

내 스스로는 '오풍연 문학'이라고 한다. 물론 내가 만든 장르다. 어찌보면 글이라고 할 수도 없다. 에세이 1개당 원고지 3장 안팎의 분량이다. 읽다보면 바로 끝난다고 불평하는 분들도 있다. 글이 짧기 때문이다. 나는 내 글에 대해 장편(掌篇) 에세이라고 붙였다. 손바닥만한 글이라는 뜻이다.

나의 365일 일과는 거의 똑같다. 저녁 9시 전후해 자고 새벽 1~2시에 일어난다. 그리고 컴퓨터 앞에 앉아 하루를 시작한다. 맨 먼저 하는 일은 페이스북에 글을 올리는 것. 현재 페친은

5000명 꽉 찼다. 더 받을 수도 없다. 소소한 일상을 일기 형식으로 올린다. 따라서 거창할 것도 없다. 그냥 우리들의 얘기다. 내 나이 56살이다. 먼저 직장에 있었더라면 정년퇴직했을 나이다. 3년 전 직장을 나와 새로 둥지를 텄다. 2012년 가을부터 파이낸셜뉴스 논설위원과 대경대 초빙교수를 겸직하고 있다. 올 가을학기부턴 아세아항공직업전문학교에서도 학생들을 대상으로 인성 강의를 한다. 일할 수 있는 공간이 있다는 게 행복하다. 신문사와 두 학교의 배려에 감사드린다. 마음대로 글을 쓰고, 강의를 할 수 있으니 말이다.

나의 좌우명은 정직, 성실, 겸손, 부지런함이다. 학생들에게도 한 학기 내내 같은 주제로 강의를 한다. 여기에다 자신감과 함께 도전정신을 강조하고 있다. 나 역시 도전을 멈추지 않고 있다. 인터넷 무료강의도 진행하고 있다. 이즌잇에서 하고 있는 오풍연의 '기자/PD 스터디'가 그것이다. 50대 후반 강사는 나 이외에 없다.

KBS 아침마당 출연도 색다른 도전이었다. 지상파 방송은 처음 출연했다. 지난 5월 22일 부부의 날 특집방송에 나갔다. 대구 KBS에서 내 책을 보고 섭외가 들어왔다. 그동안 펴낸 에세이집이 효자 노릇을 했다고 할까. 이처럼 졸저를 읽어주는 분들이 있어 행복하다. 내가 독자와의 소통을 강화하는 이유이기도 하다.

내 입에서 "노"는 나오지 않는다. "예스" 아니면, "한번 해 봅시다"라고 말한다. 긍정은 부정을 이길 수 있다는 강한 신념을 갖고 있다. 그래서 초긍정주의자라는 말도 듣는다. 지금 이 순간도 한없이 즐겁다. 9번째 에세이집의 출간을 기다리고 있기 때문이다. 이 책이 나오도록 배려해준 새빛출판사 전익균 대표님께 고마움을 전한다. 아내와 아들, 장모님 또한 든든한 우군이다. 모든 분들과 행복을 나누고 싶다.

오풍연 드림.

「오풍연처럼」

차례

Chapter

1

새벽의 오풍연

하루의 가장 달콤한 순간은 새벽에 있다. • 윌콕스

오풍연, 대한민국의 새벽을 깨우다

■

남들은 나보고 언제 책을 썼느냐고 묻는다.
대답은 간결하다. "새벽을 이용했습니다."
새벽 예찬론자가 되어 보시라.
바로 당장 실천하면 금상첨화. 실천에 답이 있다.

새벽을 여는 남자

새벽을 여는남자 오풍연 선생님의
8 번째 에세이집 출간이 다가오니
새벽을 여는남자 이제사 휴식하네

입소문 무성하여 소문이 자자하고
새벽을 여는남자 지혜를 칭송하니
비독서 한량마저 읽음을 자랑하리
작가의 사람사랑 뜨겁게 울려오고

작가의 시대사랑 멋지게 전해오니
작가는 모르지만 책내용 회자되리

작가의 해학위트 넘치어 좋아하고
작가의 지식지혜 넘치어 존경하니
독자들 앞다투어 예약을 실행하네

발행전 초판완매 발행후 십회완판
판매한 수익금은 세상에 돌아갈터
세상을 사랑하는 마음이 제일이네

한사람 한사람씩 수없이 이어나가
새벽을 여는남자 감동을 전할지니
작가의 정신세계 비로소 활짝피네!

새벽형 인간

'혈액 검사와 CT 촬영을 통해 아침형과 저녁형의 건강 상태를 비교해봤는데요, 저녁형이 아침형보다 당뇨병과 대사 증후군은 70% 이상 각각 높았고 근육감소증은 무려 3배나 더 많은 것으로 나타났습니다. 저녁형은 자신의 생체리듬과 다르게 아침 일찍 출근해 사회생활을 하다 보니까 스트레스 호르몬이 더 많이 분비됐습니다. 밤에 활동하느라 빛에 노출된 것도 건강에 악영향을 주는 것으로 분석됐습니다.' 어제 저녁 SBS 뉴스에 보도된 내용이다. 아침형 인간과 저녁형 인간의 건강상태를 비교했다. 결과적으로 아침형 인간이 좋다는 것. 다시 말해 일찍 자고, 일찍 일어나는 것이 건강에 좋다고 했다. 의학적으로도 입증됐다고 할 수 있다. 나는 전형적인 새벽형 인간. 저녁 9~10시 취침, 새벽 두 시 전후 기상을 원칙으로 한다. 그것이 건강에 좋은 지는 몰랐다. 10여 년째 이런 패턴을 유지해 완전히 몸에 뱄다. 물론 학생들에게 강의를 하거나, 외부 특강을 할 때도 새벽에 일찍 일어날 것을 주문하곤 한다. 일찍 일어나는 것이 건강에도 좋다고 하니 빈말은 하지 않은 셈이 됐다. 나는 일찍 일어나는데다 운동까지 하니 더 좋았는지도 모르겠다. 실제로 만성적으로 나를 괴롭혔던 역류성 식도염과 위염도 깨끗이 나았다. 오랫동안 약을 먹었었는데 걷기 운동을 1~2년쯤 한 뒤로 끊었다. 지금도 새벽에 6~9km는 꾸준히 걷고 있다. 나 스스로도 새벽형 인간과 함께 걷기 운동 전도사를 자처하고 있다. 이제는 좋하던 술까지 입에 안 댄다. 그동안 매일 새벽에 일어나고, 운동을 했어도 술은 끊지 못했었다. 그러나 지난 2월 초 통풍으로 2박3일간 입원했다가 퇴원하면서 단주 선언을 했다. 그 뒤로는 한 모금도 마시지 않았다. 술을 안 마셔도 직장생활을 하는 데 어려움은 없다. 술자리에 가도 물이나 음료수를 대신 마시면 된다. 억지로 입에 부어주지는 않는다. 생활습관은 자기 하기 나름이다. 나쁜 습관은 고치는 것이 좋다.

새벽을 실천하다

나는 특별한 사람일까. 그렇지 않다. 지극히 평범한 사람이다. 그런데 많은 사람들이 자신은 특별한 줄 안다. 큰 착각이다. 사람마다 다소 차이는 있겠지만 별반 다르지 않다. 그런 만큼 다른 사람들과 잘 어울리고, 호흡도 같이 해야 한다. 튀는 행동을 하지 말라는 얘기다. 물론 차별화는 필요하다. 그것도 속으로 생각하고 실천해야 한다. 이번 기자 스터디에서도 강조한 바다. 나에게 다른 점은 분명 있다. '새벽형 인간'이라는 것. 남들보다 일찍 하루를 시작한다. 오늘 역시 1시 30분 기상이다. 그래서 여유가 있다. 하루를 일찍 여니까 서두를 필요도 없다. 느긋하게 하나하나 해 나가면 된다. 이것이 쌓이면 큰 재산이 되는 법. 내가 그동안 8권의 에세이집을 낸 것과 무관치 않다. 새벽을 이용했기 때문에 가능했다. 남들은 나보고 언제 책을 썼느냐고 묻는다. 대답은 간결하다. "새벽을 이용했습니다." 새벽 예찬론자가 되어 보시라. 바로 당장 실천하면 금상첨화. 실천에 답이 있다.

새벽, 그래도 즐기련다

닷새 만의 회사 출근이다. 직장의 고마움을 다시 한 번 느낀다. 지난 화요일 출근했다가 갑작스런 입원. 코트와 장갑, 가방도 그대로 회사에 있다. 오늘 일요 근무를 한 뒤 가져오려고 한다. 비록 2박3일간의 짧은 입원이었지만 내 생활에 큰 변화를 줄 것 같다. 먼저 건강을 과신해서는 안 된다는 것. 병은 예고하지 않고도 올 수 있기 때문이다. 지나친 운동은 아니한만 못하다는 사실도 깨달았다. 우연인지 몰라도 입원 전날엔 새벽과 오후 두 차례 운동을 했었다. 새벽 기상도 원인(?). 앞으로 수면시간도 좀 늘려볼까 한다. 그런데도 오늘 기상 시간 역시 1시 30분이다. 새벽은 계속 즐길 참이다. 하루 중 이 시간이 가장 좋다. 굿모닝.

내 수면법

나의 취침 시간에 대해 궁금해 하는 분들이 많다. 매일 새벽 두 시에 일어난다고 하면 의아해 한다. 강의나 특강이 끝난 뒤 질문을 받는다. 맨 먼저 하는 질문이 "그게(새벽 두 시 기상) 가능합니까"이다. 나는 "그렇다"고 대답한다. 비결이라고 할 것도 없다. 일찍 자니까 그만큼 빨리 깨는 것이다. 보통 취침 시간은 9~10시. 하루 평균 4시간 가량 잔다. 조금 적을 수도 있겠지만

10여 년 정도 몸에 배 괜찮다. 그럼 또 다시 질문이 이어진다. "낮에 졸립지 않으세요." 졸리면 지금처럼 할 수 없다. 정 피곤할 경우 잠깐 눈을 붙이면 된다. 억지로 안 자려고 하지도 않는다. 졸리면 자는 것이 나의 수면 철학이다. 이 같은 생활습관이 나에게 가져다 준 선물도 적지 않다. 5년 동안 8권의 에세이집을 낼 수 있었던 것도 새벽을 즐긴 덕이다. 어제는 광화문에 나가 지인들과 저녁을 하고 들어왔다. 이런 날은 새벽 세 시 기상. 평소보다 한 시간 정도 늦게 일어난다. 나와 새벽을 함께 여는 페친들이 점차 늘어나고 있다. 이름하여 '새벽을 여는 사람들'.

그 새벽에 뭐 하세요

평상시처럼 두 시에 일어났다. 요 며칠은 12시 30분 전에 일어나 정말 길게 하루를 보냈다. 내 리듬은 새벽 두 시에 맞춰져 있다. 두 시부터 4시 30분까지는 혼자만의 시간. 글도 쓰고, 사과도 깎아 먹고, 커피도 마신다. 오늘도 마찬가지. 구수한 커피향이 코끝을 자극한다. 어제는 한 여학생 제자가 카톡으로 궁금증을 물었다. "저, 이것만 질문드려도 될까요? 항상 궁금한건데 지금 일어나셔서 하실 일이 있으신가요??" 그래서 나의 하루 스케줄을 설명해 주었다. 학생의 대답이 걸작이다. "그렇군요. 이렇게 보니 할 일이 많네요. 하지만 바쁘실 것 같은데도 즐겁게 하시고 계신 모습 보니 제 자신을 반성해야 할 것 같습니다." 그 학생의 말처럼 새벽에 일어나 할 일이 없으면 지루할 터. 이제는 습관이 돼 혼자 있는 시간이 즐겁다. 네 시 반에는 어김 없이 운동하러 집을 나선다. 요즘은 날씨가 쌀쌀해 옷을 조금 두텁게 입고 나간다. 한 시간 반 가량 걷고 들어오면 여섯 시다. 그 때부터 출근 준비. 씻고 간단히 아침 식사를 한다. 물론 비가 오면 스케줄이 바뀐다. 걷는 대신 108배를 한다. 운동을 생활화하자는 취지다. 삶이 행복한 이유랄까.

인사동 피맛골

새벽이다. 창문을 활짝 열어놓아도 바람 한 점 없다. 선풍기에 의존해 더위를 식히고 있다. 1시에 일어나 거실로 나오니 아내는 막 자러 들어간다. 둘의 취침 사이클이 완전히 다르다. 나는 새벽 잠이 없고, 아내는 아침 잠이 많다. 오늘도 광화문에 나간다. 서울신문 후배와 점심을 하기로 했다. 여의도로 온 지 2년 가까이 되지만 광화문 쪽이 더 편하다. 그곳에서 오래 근무한 터라 그럴 게다. 1986년 서울신문에 입사한 뒤 25년 2개월을 광화문에서 보냈다. 그곳도 예전보다 많이 변했다. 큰 건물들이 많이 들어섰다. 특히 종로 쪽은 대형 건물이 들어서면서 옛 모습을 찾아보기 어렵다. 교보빌딩~종각 사이에는 대형 오피스텔이 자리를 차지하고 있다. 건평만도 수만 평은 족히 될 법한 건물들이다. 개발도 좋지만 옛 정취를 느낄 수 없어 아쉽다. 이제 피맛골은 완전히 사라졌다. 인사동이 그나마 보존되고 있어 다행이다. 서울의 참모습을 잃으면 안 된다.

내가 가장 좋아하는 글

또 새벽이다. 2시 22분. 창 밖에서 매미가 신나게 울어댄다. 요즘 매미는 밤낮을 가리지 않는다. 그 놈들도 더위를 먹은 탓일까. 오늘 하루도 재미있게 보내야 할텐데. 오늘을 중시하는 나로선 그냥 보낼 수 없다. 내가 쓴 글 중에서 가장 좋아하는 것도 '오늘의 의미'라는 에세이다. 나에게 내일은 없다. 오늘 최선을 다하면 내일이 온다는 믿음 때문이다. 상대적으로 근심, 걱정을 덜하는 이유이기도 하다. 오늘 열심히 살다보니까 그것들을 생각할 겨를이 없다. '아침형 인간'은 성공할 확률이 높다고 한다. 분명 나는 아침형 인간 맞다. 그렇다고 성공했다는 얘기는 아니다. 실패하지 않은 것도 분명하다. 지극히 평범하게 자연인으로 살고 있다. 그럼 행복이다.

새벽 과일

집에 왔더니 예산 사과 상자 1개가 베란다에 놓여 있었다. 아내와 장모님은 모르는 분이 보냈다며 뜯지도 않고 나를 기다렸다. 먼저 보낸 분을 살폈다. 박**. 얼마 전 알게된 여성 페친이었다. 매년 몇몇 분과 명절 선물을 주고 받아 집에서도 보내는 분을 거의 다 안다. 사과는 내가 제일 좋아하는 과일. 박스를 뜯고 냉큼 1개를 꺼내 먹었다. 이른 계절이긴 하지만 제법 맛이 들었다. 사과를 먹으면서 그분을 생각했다. 고맙지 않을 수 없다. 그래서 카톡에 감사 메시지를 남겼다. "네. 맛있게 드세요. 예산사과 농약 안 치고 키운 무공해 사과라 혹시 모양이 예쁘지 않을 수 있어요." 페친까지 생각하기가 쉽지 않다. 내가 조금 성의를 표시하는 분 가운데도 페친은 없다. 고마움이 배가됐다. 내가 눈을 뜨자마자 제일 먼저 하는 게 과일 깎아 먹기다. 오늘도 마찬가지. 새벽 과일은 정말 맛있다. 페친들과 함께 하는 세상이 아름답다.

새벽 걷기

해가 무척 짧아졌다. 따라서 해뜨는 시각도 늦어졌다. 새벽마다 안양천과 한강을 걷는데 그것을 피부로 느낀다. 요즘은 5시 40

분은 돼야 훤해진다. 두 달 전만 해도 4시 30분이면 날이 밝았었다. 1년 365일이 다르다. 똑같은 날이 하루도 없다. 매일 새벽 4시30분이면 당산동 집을 나선다. 한여름에는 5시 정각에 가로등을 껐다. 그런데 지금은 5시 40분쯤 소등을 한다. 한강 도착 시간은 5시 5분. 건너편 난지공원도 어둠 속에 가로등만 깜빡거린다. 그래도 운동하러 나온 사람들은 적지 않다. 주로 나이드신 어른들이 많지만 젊은이도 더러 눈에 띈다. 한강에 나갈 땐 검은색 선글라스를 낀다. 약간 이상하게 보는 사람들도 있을 게다. 하지만 눈이 더 편하다. 집에 돌아오면 6시 안팎. 그때부터 나의 본격적인 하루가 시작된다. 오늘도 스케줄대로 움직였다. 반복된 일상이지만 행복을 만끽한다.

행복, 가까이서 찾자

바깥 바람이 차게 느껴진다. 이제는 문을 열어놓고 잘 수 없다. 불과 1주일 전까지만 해도 그냥 잤는데 얇은 이불을 찾게 된다. 이처럼 계절은 어김없이 바뀐다. 오늘 새벽은 사과 대신 절에서 가져온 자두를 먹었다. 어쩜 그렇게 맛있을까. 한국산 과일은 모두 경쟁력이 있다. 사과, 배, 자두, 복숭아, 포도 등 보기에도 먹음직하고 탐스럽다. 원두커피의 향 역시 코 끝을 자극한다. 나의 새벽을 알리는 신호다. 오늘 하루도 의미 있게 보내야 한다.

금융감독원에 근무하는 후배와 점심을 먹기로 했다. 그 친구는 검찰에 있다가 몇 달 전 옮겼다. 20여 년의 검사 생활을 청산했던 것이다. 지금 자리에서도 보람을 느끼고 있다고 했다. 워낙 근면하고 성실해 어디를 가든 바로 적응할 친구다. 내일 저녁 또한 뜻있는 자리가 될 듯하다. 각계에서 나름 성공한 CEO 다섯 분과 저녁을 한다. 이 중 세 분은 서로 초면이다. 여성으론 페친이기도 한 이경순 누브티스 대표가 유일하다. 모레는 대구 강의. 일주일이 조금은 타이트하다. 그래도 만날 사람이 있다는 게 좋다. 행복은 가까이서 찾자.

친구들

어제 새벽부터 오늘 정오까지 숨가쁘게 보냈다. 잠은 4시간만 잤다. 어젠 대경대를 둘러보고 세븐밸리에서 운동을 했다. 5학기째 대경대서 강의를 하지만 어제처럼 제대로 둘러보진 못했다. 직업 전문 학교로 자랑할 만하다. 거의 모든 시설이 완벽히 갖춰져 있다. 여기에다 학생과 교수들의 열정도 대단하다. 친구이자 설립자인 유진선 명예총장의 피와 땀이 서린 결과다. 운동은 시간 때문에 9홀만 돌았다. 운동이 끝난 뒤 야외에서 파티를 했다. 이 역시 유진선 총장이 준비를 했다. 고교 친구인 대구한의대 유왕근 대학원장도 나중에 합류했다. 대전고 동기는 코이카 김인

이사와 셋이 참석했던 것. 오랜만에 정담도 나눴다. 나도 세계호텔제과제빵과 학생들을 자랑했다. 대안학교인 소나무학교 또한 반드시 성공할 것이라고 내다봤다. 오늘도 아침 7시부터 움직였다. 박기주 의장과 고교 동기인 양일권 박사가 함께 했다. 양 박사는 경제학, 신학, 한의학, 보건영양학을 각각 공부했다. 그 친구 역시 오랜만에 만났다. 이틀을 고교 동기들과 같이 한 셈이다. 대명포구에 들러 막걸리도 한잔 했다. 압구정동 현대백화점으로 돌아와 해산했다. 이처럼 만날 수 있는 친구와 지인이 있다는 게 행복하다.

새벽의 밀어

"세 시까정 풍연이 소식 기다리다 소식이 읍써서 마지막 맥주 마시고 엎어진다. 난 오늘 오후 까지는 내 시간 이니깐." 고등학교 친구가 밴드에다 재미있게 올린 댓글이다. 그 친구는 밤낮 없이 일을 한다. 직업은 도선사. 시간을 보니까 새벽 2시 28분에 올렸다. 나는 평소보다 한 시간쯤 늦게 일어났다. 그래서 바로 답글을 달았다. "내가 막 일어났으니 이제 주무시게." 이처럼 새벽에도 페친이나 친구들과 대화를 주고 받는다. '새벽의 밀어'라고 할까. 내가 날마다 글을 쓰는 이유이기도 하다. 내 글을 기다리는 페친(독자)이 있기 때문이다. 글을 올리지 않으면 궁금해 하는 분들도 적지 않다. "어제 밤 술을 마셨어요." 어쩌다 간혹 듣는 질문이다. 그래서 나는 행복하다. 독자가 있다는 것은 대단한 영광이다. 오늘은 집에서 6시 전에 서울역으로 나가야 한다. 6시40분 KTX를 타고 대구에 내려간다. 빡빡한 일정이 될 것 같지만 설렌다. 페친들도 해피 데이!

새벽을 즐기는 바보

새벽 두세 시까지 안 주무시는 분들이 의외로 많은 것 같다. 정말 대단한 분들이다. 밤 10시도 넘기지 못하는 나로선 놀라운 대상이다. 나는 정반대로 살기 때문이다. 보통 9시 30분쯤 취침한다. 그때쯤 되면 눈이 저절로 감긴다. 그래서 술을 마실 때도 친구들이 나를 배려해 준다. "풍연이 잠잘 시간이지. 자네 먼저 들어가게." 새벽에 일찍 일어나는 이유를 묻곤 한다. 비결은 간단하다. 일찍 잠자리에 드는 것. 어떤 것이 건강에 좋은 지는 모르겠다. 새벽 두세 시 기상이 10년 정도 되니까 이제는 몸에 뱄다. 또 날마다 새벽 운동을 한다. 보통 4시 30분쯤 나가 90분 가량 걷고 들어온다. 집 근처에 있는 한강을 주로 걷는다. 이제 한강은 바보(나)의 친구가 됐다. 그 상쾌함은 해본 사람만 느낀다. 오늘도 새벽 두 시 기상. 하루가 즐겁고 행복하다.

마흔 넘어 사귄 친구들

강의 첫날이다. 새벽에 일찍 일어나는 터라 대구 내려가는 것이 좋다. 서울 당산동 집에서 6시15분 나선다. 그럼 7시 KTX 타는데 충분하다. 두 시간 깜빡 졸면 동대구역에 내린다. 오늘 점심은 정홍규 신부님, 임정엽 전 완주군수, 유진선 대경대 설립자와 한다. 정 신부님은 대구 경산 지역에서 환경운동으로 유명한 분이다. 임 군수와 유 설립자는 친구. 임 군수는 올 봄 그이 출판기념회 때 잠깐 얼굴을 봤다. 둘 다 40이 넘어 사귄 친구들이다. 나이들수록 친구들이 좋다. 고교 친구들도 부쩍 만남이 잦아졌다. 물론 나는 매번 모임에 참석하지는 못한다. 가급적 얼굴을 비추려고 노력을 한다. 오늘 역시 '일목회'가 있는데 못 간다고 미리 연락을 했다. 일목회는 매달 첫 번째 목요일 만나는 고교 동창 모임. 이번 학기는 목요일이 겹쳐 참석을 할 수 없게 됐다. 나 한 명 때문에 요일을 바꿀 수는 없는 일. 만남은 많을수록 좋다.

9시 뉴스가 목표

나의 초저녁 잠은 거의 병적이다. 어제, 그제 이틀은 밤 9시 뉴스도 못 보고 잤다. 대경대 교직원이 8시 53분에 보낸 이메일도 확인하지 못했다. 잠이 쏟아져 어쩔 수 없이 자러 들어간다. 아내와 아들은 말리지만 잠을 피해갈 수 없다. 대신 일찍 깬다. 이틀 동안은 오전 1시도 전에 일어났다. 그럼 하루가 정말 길다. 새벽을 즐긴다지만 다소 지루한 점도 없지 않다. 오늘은 눈을 뜨자마자 배를 깎아 먹었다. 출판사를 하는 지인이 보내왔단다. 생김새부터 맛있게 보였다. 노란 것이 아주 잘 생겼다. 맛도 꿀맛이었다. 반만 먹고 나머지는 새벽 운동을 마치고 먹으려고 남겨놓았다. 이제 아침 저녁으로 더위는 가신 듯하다. 선풍기를 틀지 않아도 지낼 만하다. 한낮의 햇살은 여름 못지않게 뜨겁다. 결실을 앞둔 과수 농가엔 더없이 좋은 계절이다. 오늘 목표는 9시 종합뉴스를 보고 자는 것. 나에겐 대단한 목표다.

행복한 9월

9월 1일 새벽이다. 지난 8개월은 숨가쁘게 달려왔다. 앞으로 4개월도 그렇게 살 터. 인생을 즐기려면 열심히 사는 수밖에 없다. 대충 살아서는 안 된다. 치열하게 살아야 한다. 그러려면 자기에게 정직할 필요가 있다. 왜냐하면 모든 것은 나로부터 비롯되기 때문이다. 절대로 남 탓을 하지 마라. 그런 사람은 비겁하다. 말하자면 자기 책임이라는 얘기다. 추석 연휴 5일 내내 쉰다. 근무조의 덕을 본 까닭이다. 9월 10일은 근무하는데 절반만 출근한다. 연휴 기간 동안 좋은 분들을 따로 만나기로 했다. 물론 나와 페친이기도 하다. 9일 광화문에서 대기업 임원으로 있는 두 분과 저녁을 한다. 두 분은 아직 얼굴을 보지 못한 사이. 내가 자리를 주선했다. 11일 저녁은 이낙연 전남지사와 약속을 했다. 이 지사가 언론계 후배들을 초청한 것. 내가 연락책을 맡았다. 중견 언론인만 9명 참석할 예정. 12일도 지인들과 대구에 내려간다. 1박 2일이다. 대경대 설립자인 유진선 명예총장이 초대했다. 학교도 둘러보고 운동도 할 참이다. 일단 9월은 이렇게 시작한다. 행복한 한 달을 만들어야 하겠다.

새벽 메시지를 어긴 날

나도 사람인지라. 약속을 어길 때도 있다. 이번 학기 강의를 시작한 뒤 학생들에게 매일 아침 메시지를 띄워주겠다고 했다. 그런데 오늘은 그 약속을 지키지 못했다. 예전처럼 두 시에 일어났지만 다시 눈을 붙였다. 그냥 자고 싶었다. 어제 하루 종일 몸이 무거웠기 때문이다. 아침부터 눈을 뜰 수 없을 정도로 잠이 쏟아졌다. 같이 방을 쓰고 있는 논설위원들에게도 결례. 나 때문에 다른 사람이 불편해서야 되겠는가. 그래서 어제 밤은 저녁을 먹고 9시도 되기 전에 잤다. 아내와 장모님도 내 잠이 부족하다고 항상 걱정을 한다. 따라서 오늘 새벽 운동도 건너뛰었다. 비 오는 날을 제외하곤 거의 빠짐없이 해온 운동이다. 9시간 이상 잔 것 같다. 평소의 두 배 이상이다. 몸도 한결 가벼워졌다. 사람 몸이 무쇠일 수는 없다. 피곤하면 쉬는 것이 맞다. 도리어 무리하면 문제가 생긴다. 그것이 생리의 이치다. 내일은 강의하러 대구 내려가는 날. 만학도 어머니와 점심을 함께 하기로 했다. 내일부턴 그동안의 패턴대로 돌아오지 않을까.

눈물 젖은 사과

오늘 새벽엔 눈물 젖은 사과를 먹었다. 한 재소자가 보낸 것. 사연을 간략히 소개한다. 교도소 안에서 내 책『새벽을 여는 남자』를 읽어 봤단다. 그리고 내가 사과를 좋아하는 것을 알게된 것. 가족을 통해 내 연락처를 물어왔다. 알려주었더니 편지와 함께 사과를 한 상자 보내왔다. 정말 크고 맛있었다. 지금까지 먹어본 사과 중 최고. 가족들도 손을 치켜세웠다. 과연 얻어 먹어도 되는지 생각을 하게 만드는 선물 이었다. 그분은 책에서 희망을 읽었다고 한다. 여러 사람이 돌려보고 있다고도 전해 왔다. 그들에게 조금의 위안이 된다니 더할 나위 없는 영광이었다. 감동의 메시지를 전하며 하루를 시작한다.

Chapter 2

페북하는 오풍연

통하면 아프지 않고, 통하지 않으면 아프다 • 동의보감 허준

오풍연, 페북으로 소통하다

■

좋아하던 술도 끊었다.
걷는 운동도 중단한 상태.
술을 못 마시고, 걷기조차 못 하니 재미있을 리 없다.
오로지 낙은 페친과의 소통.

페친 5000명

페이스북 친구 5000명이 꽉 찼다. 한 달 전쯤 5000명에 이른 것 같다. 더 이상 친구 신청을 받을 수 없는 게 아쉽다. 더러 애교성 항의(?)도 받는다. "친구 신청을 할 수 없다고 나오네요" 현재 친구를 끊어야 추가로 받을 수 있다. 왜 맥시멈 5000명으로 정했는지 모르겠다. 무제한 받아도 될 일을. 아울러 댓글에 인색하다는 지적도 받는다. 사실 댓글은 최소한으로 달고 있다. 한 분 한 분께 댓글을 달아드리는 게 도리인 줄 안다. 그러나 1대 1로 댓글을 달다보면 늘어지는 느낌도 지울 수 없다. 그래서 최소화하고 있으니 양해해 주면 좋겠다. 페이스북에 글을 올리는 원칙도 나름대로 견지하고 있다. 새벽에 일어나자마자 1개 올린다. 아마 몇 년째 거른 일이 거의 없을 듯하다. 그리고 내가 쓴 사설과 칼럼을 싣는다. 최근에는 기자 스터디를 하면서 수강생들이 올린 후기도 함께 싣고 있다. 낮에 글을 올릴 때도 있다. 하루 평균 2개 정도 올리는 것 같다. 새벽에 올리는 글은 모았다가 에세이집을 낼 때 쓴다. 말하자면 책을 쓰고 있는 셈이다. 올들어 첫 골프를 나간다. 공이 제대로 맞을 리 없을 터. 그래도 친구와 함께 하기에 멋진 날을 기대한다.

페북이 유일한 벗

요즘은 계속 9시 취침, 새벽 1시 기상이다. 병원에서 퇴원한 이후 일상이다. 너무 졸려서 9시를 넘기기 어렵다. 졸리면 자는 게 나의 원칙. 오늘도 큰 사과를 한 개 깎아 먹고 커피와 함께 하루를 시작한다. 근무하는 금요일. 내일과 모레는 쉰다. 모처럼 주말을 즐길 수 있을 것 같다. 따로 잡아놓은 약속이 없기 때문이다. 생활의 변화도 생겼다. 좋아하던 술도 끊었다. 의사의 권고도 있었지만, 극심한 고통을 겪었던 나 자신과의 약속이다. 말로만 듣던 통풍이었다. 술은 안 마시면 될 일이다. 지금까지 먹은 술로도 족하다. 걷는 운동도 중단한 상태. 술을 못 마시고, 걷기조차 못 하니 재미있을 리 없다. 오로지 낙은 페친과의 소통. 이젠 페친도 29명만 차면 5000명. 더 이상 사귈 수도 없다. 따라서 지금 친구들과 소통을 강화할 생각이다. 글쓰기가 유일한 취미가 될 것도 같다. 한두 달 뒤에 운동은 재개하려고 한다. 다만 그동안처럼 다소 무리(?)하게 걸을 생각은 없다. 페친들도 주말 계획을 잘 짜시라.

페이스북 친구

이제는 또 무엇을 해볼까. 병원에 입원했다가 나오니 또 다시 의욕이 생긴다. 일은 나와 떼려고 해도 뗄 수 없다. 지금 하고 있는 일은 계속한다. 신문사 논설위원, 대학 초빙교수 두 곳, 작가 활동. 올해부터 하나 더 추가됐다. 인터넷 강사. 물론 이것만 하기에도 빡빡하다. 그래도 새로운 일이 생겼으면 좋겠다. 나는 어떤 일이든 '노'를 해본 적이 없다. 닥치면 그냥 뛰어든다. 내 능력을 시험해보고 싶은 생각도 들어서다. 새로운 일에 도전하면 설렘이 따라온다. 조만간 5000번째 페친이 탄생할 것 같다. 현재 4924명. 앞으로 76명 남았다. 그 주인공은 반드시 만나고 싶다. 3333번째 페친은 대전의 조욱래 더 맥키스컴퍼니 회장. 4444번째 페친은 부산의 정주영 씨. 정주영 씨는 아직 뵙지 못했다. 5000번째 페친은 가까이 계셨으면 좋겠다. 지방에 계시면 아무래도 만나는 것이 번거롭다. 당장의 도전은 5000번째 페친과의 만남이다. 상대방도 응해주었으면 하는 바람이다. 만남은 나 혼자만 원한다고 이뤄지지 않는다. 설레임 속에 그 날을 기다린다.

장관과 SNS

오늘은 칭찬 릴레이다. 국민과 소통을 열심히 하고 있는 두 장관님을 소개한다. 윤상직 산업통상자원부 장관님과 이기권 노동부 장관님. 두 분 모두 나와는 페친 관계다. 오늘 새벽 중학교 친구의 중장 진급을 축하하는 글을 올렸다. 새벽 세 시를 조금 넘은 시간이다. 두 번째로 윤 장관님이 '좋아요'를 눌러 주셨다. 윤 장관님도 새벽을 즐기시는 분 같다. 그래서 감사하다는 메시지를 드렸다. 그랬더니 얼마 후 답장을 주셨다. "반갑습니다. 위원님 글 잘 읽고 있습니다. 즐거운 하루 되십시오." 윤 장관님은 한 번도 뵌 적이 없다. 그럼에도 친절하게 응답하신 것. 결코 쉬운 일이 아니다. 장관들은 눈 코 뜰 새 없이 바쁘다. 윤 장관님은 비단 나 뿐만 아니라 모든 페친들께 그러신 것 같았다. 이 노동부 장관님 역시 SNS를 적극 활용하고 계시다. 직접 소통을 통해 국민과의 거리를 좁히고 있다. 뵌 적이 없었음에도 내 8번째 에세이집 추천사도 써 주셨다. 책이 나온 뒤 논설위원 간담회 자리에서 처음 뵈었다. 두 분과 같은 장관님이 많이 나오셔야 한다. 소통도, 대국민 홍보도 실천에 달렸다.

SNS 예의

밴드, 페이스북, 트위터, 카페, 블로그 등 SNS에 올리는 글 등을 생각해 본다. 예전에 비해 소통할 수 있는 수단이 너무 많아졌다. 이를 멀리하는 사람에겐 공해로 느껴질 정도다. 글에는 그 사람의 인격이 묻어난다. 그럼에도 비속어나 욕설을 함부로 올리는 분들이 있다. 눈살을 찌푸리게 함은 물론이다. 본인은 시원할지 몰라도 다른 사람은 불쾌하다. 자기 마음에 들지 않을 경우 안 보면 된다. 굳이 이러쿵 저러쿵 토를 달 필요가 없다는 얘기다. 나에겐 원칙이 있다. 불편할 것 같은 사람은 아예 만나지 않는다. 내가 미리 피한다고 할까. 그래서 얼굴을 붉힐 일도 없다. 지금껏 살아오면서 다투거나 화를 내본 적이 한 번도 없는 이유다. 그것이 가능하냐는 질문도 더러 받는다. 대답은 "예스"이다. 앞으로도 다르지 않다. 평생 웃는 낯으로 살 작정이다. 그러려면 웃음이 몸에 배야 한다. 많이 웃자.

음력 생일

어젠 정말 축하를 많이 받았다. 이맘때쯤 일어나 글을 썼다. 56세 생일을 맞은 단상을 올렸다. 너무 많은 분들이 '좋아요'를 눌러주고, 댓글을 달아주셨다. 지금까지의 기록을 모두 갈아치웠다. '좋아요'가 505개, 댓글은 143개에 이르렀다. 축하를 하도 많이 받아 나도 얼떨떨하다. 감사함을 전한다. 페친들의 따뜻한 마음을 느낄 수 있었다. 이처럼 세상은 아름답다. 정말 다양한 분들이 축하를 해 주었다. 오랫동안 뵙지 못했던 분들도 댓글로 축하해 주었다. 이제는 축하를 해주신 분들께 조금이라도 되돌려 드려야 한다. 일일이 찾아뵙고 인사를 드릴 수도 없는 형편이다. 글로써 대신함을 양해해 주시면 좋겠다. 페이스북과 친구가 된 지 어언 6년 가량 된 것 같다. 급속히 가까워 진 것은 3~4년 전부터다. 희노애락을 페이스북과 함께 했다. 요즘도 눈 뜨면 가장 먼저 접하는 것이 페이스북이다. 나와는 끊을래야 끊을 수도 없다. 내가 추구하는 창조, 창작의 매개물이다. 또 다시 월요일이다. 이번 주도 힘차게 출발하자. 파이팅!

페북의 장점

2015년 1월도 이틀 남았다. 들뜬 기분으로 을미년을 맞이한 것이 엊그제 같은데 벌써 한 달이나 흘렀다. 그동안 기쁜 일이 더 많았다. 이 사람 저 사람 만나느라 바쁘게도 보냈다. 페친들과도 소통을 강화했다. 모두 고마울 따름이다. 나 혼자 사는 세상은 무의미하다. 누군가와 함께 할 수 있어 좋다. 어제도 오래 전 알고 지내는 분과 페친이 됐다. 그분이 친구 요청을 해왔다. 처음에는 긴가민가 하면서 신청을 받아들였다. 그랬더니 바로 메시지가 왔다. 먼저 나를 알아봤던 것. "잘 지내셨는지요? 우연히 페북에서 뵙고 반가워서 신청드렸답니다. 새해 복 듬뿍 받으세요~*" 5년 전 마지막으로 뵙고 연락이 끊겼던 분이다. 여러 방면에서 활동을 적극적으로 하시는 여성이다. 그래서 답장을 보내드렸다. "저도 긴가민가 했습니다. 잘 지내셨어요. 지금도 강남에 사무실이 있나요. 그리고 박사학위도 받으셨네요. 축하드립니다. 언제 여의도 한 번 나오세요." 그런 다음 전화번호를 주고 받았다. 최대한 이른 시간 안에 만나기로 약속했다. 잊을 만한 분도 다시 만날 수 있게 해주는 것이 페북의 장점이기도 하다. 사실 나는 페북에서도 찾기가 쉽다. 네이버나 다음 등 포탈과 마찬가지로 페북 역시 '오풍연'은 나 한 명밖에 나오지 않는다. 동명이인이 없는 까닭이다. 무슨 일인지 최근 들어 나에게 친구 신청을 해오는 분들이 많다. 고민이 없는 것도 아니다. 앞으로 130명 이상은 더 받을 수 없다. 5000명이 거의 다 찼다. 방법을 강구해야 할 듯싶다.

페북은 나의 은인

페이스북의 장점은 여러 차례 언급한 바 있다. 특히 나에게 페북은 은인과 마찬가지다. 결과적으로 일자리를 구해줬고, 글을 쓸 수 있는 동인도 제공해 주었다. 무슨 말이냐고 의아해 할 수도 있을 게다. 잠시 백수 생활을 하고 있을 때 지인이 페북 메시지를 보내왔다. 그래서 지금 신문사에 들어올 수 있었다. 그분이 입사를 주선했던 셈이다. 고마움을 잊지 않고 있다. 에세이집 6~8권은 페북에 올렸던 글이 모태가 됐다. 요 몇 년은 나와 함께 했다고 해도 과언이 아니다. 페북의 최고 장점은 뭐니 뭐니 해도 소통에 있다. 나 아닌 다른 사람과의 관계다. 그들의 삶을 엿볼 수 있다. 인간이 혼자 살 수는 없다. 누군가와 함께 해야 한다. 그리고 싫으면 친구 관계를 끊을 수도 있다. 나도 지금까지 페북을 하면서 몇 명과는 친구를 끊었다. 아주 저속한 언어를 사용하는 사람들이다. 그분들을 욕할 것이 아니라 끊으면 자동적으로 해결된다. 내가 사는 방식이 싫은 사람도 있을 터. 그분들도 나와 친구 관계를 끊었을 것이다. 결국 사람은 끼리끼리 어울릴 수밖에 없다. 자기와 뜻이 맞는 사람끼리 뭉치면 된다. 오늘 새벽도 페북 예찬론으로 시작한다.

4444번째 페친

마침내 4444번째 페친이 탄생했다. 직접 눈으로 확인하진 못했다. 조금 전(새벽 1시40분) 일어나 페북을 확인해보니 친구가 4446명으로 나온다. 그래서 새 친구를 역으로 환산해 보았다. 정주영 씨(여)가 그 주인공이었다. 기아대책 부산울산경남 근무로 나온다. 아마 부산에 사시는 것 같다. 먼저 축하드린다. 나도 영광이다. 출판기념회를 하기로 한 날 뜻깊은 선물을 받았다고 할까. 약속드린 대로 『새벽을 여는 남자』를 보내드리겠다. 식사대접도 유효하다. 내가 바로 부산에 내려가거나, 정주영 씨가 서울에 올라오기는 어려울 것 같다. 언젠간 인연이 닿을 것으로 생각한다. 내가 부산에 내려가든지, 정주영 씨가 서울에 올라올 일도 생길 거다. 그때 시간을 내 만나면 해결될 듯 싶다. 이젠 5000번째 페친과 또다른 이벤트를 생각한다. 새벽부터 기분이 좋다. 모두 굿 데이.

페친을 기다리며

페친 증가 속도가 굉장히 빨라졌다. '3333'번째 페친이 탄생한 뒤 두 달 정도 지난 것 같다. 당시 주인공은 더맥키스컴퍼니 조웅래 회장님이셨다. 지금까지 그분과는 세 번 만났다. 내가 두 번 대전을 방문하고, 조 회장님도 한 번 서울에 오셨다. '3333' 번째 페친 기념 이벤트 약속은 결국 지키지 못했다. 나와 둘이서 콘래드호텔 아트리오에서 점심을 하려고 했는데 어긋났다. 그래서 다시 한 번 페친과 약속하려 한다. 이번엔 '4444'번째 페친을 그곳으로 모셔야 되겠다. 지금 같은 속도라면 한 달 안에 탄생할지도 모르겠다. 현재 페친은 4186명이다. 누가 될진 나도, 4444번째 페친도 모른다. 자동으로 카운트 되기 때문이다. 3333번째 페친은 새벽에 탄생했다. 그즈음에서 잘 보아야 놓치지 않을 수 있다. 4444번째 페친께는 8번째 에세이집을 선물할 생각이다. 내 나름대론 의미 있는 책이다. 나는 이처럼 작은 이벤트를 즐기는 편이다. 물론 능력 밖을 벗어나진 않는다. 4444번째 페친 역시 기다려진다. 그날이 언제 올까.

3333번째 페친과의 만남 1

3333번째 페친과의 만남은 감동 그 자체였다. 서울에서 8시 40분 KTX로 내려갔다. 주인공인 더맥키스컴퍼니 조웅래 회장님과 10시 30분 장동 산림욕장에서 만나기로 했다. 둘 다 약속 시간 전에 도착했다. 조 회장님이 먼저 나와 나를 기다리고 있었다. 그분의 트레이드 마크인 중절모를 보니 바로 알아볼 수 있었다. 조 회장님 역시 택시를 타고 온 나를 알아보고 손짓을 했다.

따로 얘기가 필요 없었다. 이미 페이스북을 통해 소통을 한 사이다. 프로끼리의 첫 만남이랄까. 악수를 한 뒤 바로 산행을 시작했다. 조 회장님을 따라 나도 신발과 양말을 벗고 맨발로 걸었다. 황톳길만 장장 15km. 웬만한 사람들은 그냥 걷기도 힘든 거리다. 처음에는 발바닥이 조금 아팠다. 딱딱한 길도 있었기 때문이다. 그러나 조금 지나니까 그렇게 기분이 좋을 수 없었다. 지압 효과가 있는 것 같았다. 조 회장님을 나를 위해 하루를 할애하셨다. 혼자 나오셔서 가이드를 했다. 1인 가이드였던 셈이다. 둘이 걸으면서 많은 얘기를 나눴다. 그분의 책을 모두 읽은 터라 어떻게 사는지는 어느 정도 알고 있었다. 하지만 직접 들으니 감동이 더해졌다. 보통 분이 아닌 것은 틀림없었다. 두 시간쯤 지나 점심을 먹었다. 집에서 직접 도시락을 싸 오셨다. 반찬이 정말 맛있었다. 사모님의 음식 솜씨와 맛에 또 한 번 반했다. 서울에서 손님이 내려온다고 정성껏 마련해 주셨단다. 사모님께 거듭 감사를 드린다.

3333번째 페친과의 만남 2

다시 이야기를 시작한다. 계족산 한 바퀴를 도는 거리는 17km. 길이 완만해 남녀노소 누구나 걸을 수 있다. 산길의 폭도 꽤 넓다. 큰 차의 통행도 가능하다. 그래서 조웅래 회장님이 황톳길

아이디어를 착안한 것. 황톳길의 폭은 2m 가량 된다. 전북 김제에서 황토를 사온단다. 전국에서 질이 가장 좋다는 것. 대전에서 중고등학교를 다녔지만 계족산이 이처럼 아름다운 것은 처음 알았다. 옛날 미군부대 탄약창이 있던 곳이다. 지금은 대전 시민의 안락한 휴식처. 이제는 대전뿐만 아니라 전국에서 사람들이 찾아온다고 했다. 특히 대구, 전주 시민이 많이 찾는다고 귀띔한다. 실제로 경상도, 전라도 사투리를 들을 수 있었다. 조 회장님은 경남 함안 출신이다. 대전을 제2의 고향으로 삼아 계족산 황톳길을 만들었다. 사비를 털어 길을 냈으니 대단하지 않은가. 걸으면서 그 과정을 소상히 들었다. 처음에는 회사 임원들도 반대했단다. 비가 오면 금방 쓸려 내려갈 터. 황톳길을 만든다는 데 누가 찬성하겠는가. 그래도 그의 뚝심이 오늘날 전국의 명소로 탄생시켰다. 어제 산행에는 'MBC 칭찬합시다'의 창안자인 김종선 회장도 함께 했다. 31년째 그 운동을 전개하고 있다. 그 친구는 전주에서 올라왔다. 나와 동갑내기. 조 회장님은 우리보다 한 살 위. 김 회장은 나중에 산에서 합류했다. 조 회장님과 막걸리도 같이 마셨다. 김 회장은 술을 못 마신다. 그래서 둘이 1.5리터 짜리 막걸리 한 병을 나눠 마셨다. 기분도 최고. 다음 이야기가 또 이어진다.

3333번째 페친과의 만남 3

조웅래 회장님과 막걸리를 한 병 나눠 마시고 하산했다. 물론 맨발로 걸었다. 내려올 때는 김종선 회장도 합류해 셋이었다. 계족산을 한 바퀴 도는 동안 전경이 파노라마처럼 펼쳐졌다. 멀리 대청호도 보였다. 대전 시내도 코 앞에 잡혔다. 예전에는 잘 몰랐는데 대전도 아름다웠다. 계족산 묘미는 하산 후 음악회를 보는 것. 맥키스 오페라단의 공연이다. 이 음악회 역시 조웅래 회장님이 사비를 출연해 2007년부터 해 오고 있다. 3시부터 시작하는데 미리 온 등산객들로 꽉 찼다. 공짜로 오페라를 보니 얼마나 좋겠는가. 일석이조랄까. 소프라노 1명, 테너 2명, 바리톤 2명이 멤버. 전자 피아노를 아주 잘 쳤다. 산속 음악회는 또다른 맛을 선사했다. 예술의 전당에서 보는 것 못지않았다. 아니 오히려 훨씬 더 재미있었다. 가수들도 노래를 아주 잘 불렀다. 게다가 간간이 꽁트를 섞어 누구나 지루하지 않게 볼 수 있었다. 가수들은 모두 유학을 다녀왔단다. 인재들이 산속에서 주민들을 위해 공연을 펼치고 있었다. 이 음악회를 7년째 이끌어오고 있는 조 회장님도 대단하다. 말하자만 조 회장님이 구단주인 셈. 누가 알아 줄 일도 아니다. 그런데도 연간 100회 정도 공연을 한다고 했다. 소외 계층을 찾아가는 공연도 꾸준히 하고 있다고 소개했다. 맥키스 오페라단의 단장은 정진옥 씨(여). 소프라노를 맡고 있다. 아주 미인이시다. 아이돌 못지않은 몸매도 가졌다. 그래서 소주 린의 모델로 등장했는지도 모른다. 정 단장도 저녁 자리에 합석했다. 내가 한마디 던졌다. "앞으로 맥키스 오페라단과 조웅래 회장님의 홍보대사가 되겠습니다." 그러면서 두 분을 서울로 초대했다. 조웅래 회장님과의 첫 만남은 이렇게 마무리한다.

한 페친의 만남 후기

2014년 10월 10일을 오래도록 기억할 것입니다. 오풍연 파이낸셜 뉴스 논설위원 집무실을 방문했고 오풍연 선생님의 사람 풍경, 세상 풍경(에세이집)을 선물을 받았습니다. 저자의 사인까지 직접 받았으니 그 기쁨은 이루 말할 수 없이 컸습니다. 거기다가 여의도에서 제일가는 생고기 전문집인 우담에서 삼겹살과 생고기김치찌게에 소주 6병, 맥주 2병을 마시며 세상과 삶에 대한 저자의 특강을 직접 들었으니 어찌 이 기쁘고 영광스러운 날을 잊을 수 있겠는가? 여섯 시에 시작된 술자리가 두 시간 쯤 되었을 때 북한의 기관총 도발 사건으로 급히 사무실로 복귀하는 오풍연 논설위원님의 행동에서 언론인의 직업정신과 반듯한 직장인의 참모습을 보았고 파이낸셜뉴스를 정기구독함은 물론 오풍연 님의 논설과 평설 구독을 위해서라도 파이낸셜뉴스 정기구독을 적극 추천할 작은 결심을 하였다. 페친 여러분들도 파이낸셜뉴스를 적극 구독해 주실 것을 추천해 드립니다. 이래저래

2014년 10월 10일은 오래도록 좋은 추억으로 자리잡고 내 삶을 바로잡는 빛나는 이정표가 될 것이라고 확신합니다. 다시 오풍연 작가님의 에세이 이야기로 돌아와 말씀을 올립니다. 오풍연 작가님의 에세이집은 현재 7집까지 절찬리에 출간되었고 현재는 8집 에세이집이 출간 대기 중에 있습니다. 저도 기대가 크지만 페친들께서도 희망을 갖고 기대하셔도 결코 실망하시는 일은 없을 것입니다. 제가 완전 책임보증합니다. 하여간 참으로 행복한 날이었습니다. 여러분 감사합니다. 여러분의 가정에 사랑과 평화가 가득하시기를 기도드립니다.

페친들과 함께

어제 밤의 흥분이 채 가시지 않는다. 페친들과 정말 멋진 밤을 보냈다. 술을 마시지 않고도 그렇게 즐거울 수가 없었다. 모두 차를 가지고 와 넷이서 술은 딱 1병만 시켰다. 한 사람이 소주 두 잔씩 먹었다. 대신 맛있는 한우로 배를 채웠다. 된장찌개도 일품이었다. 식사를 마치고 커피숍으로 옮겼다. 오랜만에 수다를 떨어봤다. 사실 이런 자리는 나도 처음이었다. 2차를 커피집으로 가본 적이 없었다. 우리 다섯 명 가운데 한 분은 부득이 참석하지 못했다. 지방 출장 때문에 합류하지 못했던 것. 그래서 올해 가기 전 다시 한 번 만나기로 했다. 네 분 모두 바쁜 사람들이다. 날짜를 맞추는 게 쉽지 않았다. 그래도 12월 27일 저녁 날짜를 잡았다. 모두가 함께 보기 위해서다. 다섯 명이 우연치고는 재미있다. 각각 한 살 차이다. 51살부터 55살까지 있다. 이처럼 만나는 것도 흔치 않을 게다. 송우리에서 집으로 돌아오는 길은 밀리지도 않았다. 그래서 1시간 만에 올 수 있었다. 나 뿐만 아니라 다른 친구들도 모임에 만족했다. 페이스북, 페친. 이젠 정겨운 단어다.

페친들께 보답할 차례

요즘 페친들과 부쩍 소통이 잦아진 느낌이다. 먼저 관심을 보여주신 페친들께 감사를 드린다. 예전에 비해 '좋아요'를 눌러 주시거나 댓글을 달아주는 분들이 많다. 나는 사실 그런 것에 별로 신경을 쓰지 않는 편이다. 단 한 사람이라도 공감을 해 주신다면 그것으로 만족하기 때문이다. 그러나 다다익선이라고. 난들 많은 분들이 관심을 보여주면 기쁘지 않겠는가. 거듭 고마움을 전한다. 그렇다면 나도 보답을 해야 한다. 모두 모시면 좋을텐데 그럴 수도 없다. 예전에 말씀드린 기억이 있는데 겨울 한강 걷기를 제안한다. 12월 13일(토)이 어떨지요. 11시쯤 지하철 2,5호선 영등포구청역에서 만나 목동교–양평교–양화교–한강합수부–성산대교–양화대교–당산철교를 거쳐 여의도 샛강을 따라 반바

퀴 정도 돈 뒤 여의도에서 점심을 함께 했으면 합니다. 물론 소주도 있구요. 저를 빼고 7명만 모시려고 합니다. 두 테이블을 넘으면 대화가 분산돼서 그러니 양해를 바랍니다. 부득이 선착순으로 모시겠습니다. 희망하시는 분은 연락주세요.

어느 목사님과의 인연

최근 페친이 된 전북 정읍 수금교회 장성익 목사님의 전화를 받았다. 나와 60년생 동갑내기. 먼저 "휴가를 잘 보내고 있느냐"고 물었다. 내가 페이스북에 올린 글을 빠짐없이 보고 있다는 증거다. 장 목사님은 그의 말대로 독서광이었다. 장서가 4000권 가량 된다고 했다. 개인이 이만큼 소장하는 게 쉽지 않다. 그것도 대부분 읽었다니 대단한 열정이다. 사람이 평생 동안 책을 얼마나 읽을까. 1000권 가량 읽는 사람도 손에 꼽을 정도다. 점점 책을 읽지 않는 추세다. 장 목사님이 존경스럽다. 딸을 시집보내 사위도 봤단다. 아들은 신학대학원에 다닌다고 했다. 눈으로 직접 보지 않더라도 집안의 화목이 느껴진다. 장 목사님이 14일(월) 사무실을 방문하기로 했다. 교회 일로 서울에 오신단다. 마침 본부가 여의도에 있어 얼굴을 보자고 했다. 인연은 이렇게 시작된다.

그냥 대충은 안 돼

무슨 일을 하든 열심히 하는 편이다. 하지만 시작은 남보다 늦다. 페이스북도, 밴드도, 카페도, 블로그도 그렇다. 그러나 일단 시작하면 끝을 보는 편이다. 나에게 '대충'이란 없다. 때론 지독하다는 얘기도 듣는다. 나와의 약속을 지키기 때문이다. 나보고 '페이스북 스타'라고 하는 사람도 있다. 욕은 아닐 터. 나의 하루 일과는 페이스북과 함께 시작한다. 눈을 뜨자마자 자판을 두드린다. 그렇다고 거창한 얘기를 쓰는 것도 아니다. 내 주변의 소소한 일상을 옮겨 적을 뿐이다. 나는 그 자체를 삶이라고 본다. 인생에 의미를 부여하면 된다. 모든 사람이 똑같다고 봐도 지나친 해석은 아니다.

내가 싫으면 남도 싫고, 좋으면 남도 좋다. 희노애락이 다를 바 없어서다. 그렇다면 사람을 소중하게 여겨야 한다. 남을 사랑하는 것이 자기를 사랑하는 것과 마찬가지다. 삶을 즐기는 아주 단순한 이치다.

잘 산 인생

다시 한 주의 시작이다. 지난주도 나름 의미있게 보냈다. 3000

번째 페친을 기념해 낯선 페친들과 저녁도 했다. 나눔 모임 회원들과는 춘천에서 멋진 추억을 만들었다. 그렇다면 이번 주도 보람 있게 보내야 한다. 수요일까지 점심은 지인들과 한다. 나에겐 한 분 한 분이 소중하다. 금요일은 쉰다. 대신 일요일 근무를 한다. 주말엔 모처럼 운동을 나간다. 전직 법무장관, 검찰총장님을 모시고 한다. 이 중 한 분은 고등학교 20년 선배다. 아직도 정정하시고, 정열적으로 활동하신다. 두 분 모두 인품이 훌륭하시다. 그래서 따르는 검찰 후배들도 많다. 잘 산 인생이라고 할까. 이런 분들과 인연을 이어오고 있는 것도 행운이다. 내가 말하는 행복은 이처럼 멀리 있지 않다. 좋은 분들과의 만남은 행복을 배가시킨다. 인연을 소중하게 생각하자.

50대 중년 페친의 대화

A : 드디어 오늘 저녁 뵙게 됐네요. 낮에 근무 잘 하시고 저녁 때 뵙죠. 좋은 하루 되시구요.

B : 네~ 고맙습니다. 기분 좋은 아침을 열어가시고 보람의 일정을 보내신 후 저녁 시간 반가운 얼굴 함께 하겠습니다.^^

C : 좋은 아침입니다... ^^ 부지런하신 분들... 이따 저녁에 뵙겠습니다.

D : 오랜만에 아침부터 가슴이 설레네요 콩닥콩닥~ 마치 소풍가는 날 아침 같이요~ 이따 뵙겠습니다. 오랜만에 이런 기분을 느끼네요. 나이 드는 것을 처음 느끼는 것은 배고픔을 못 느끼는 것이라고 합니다. 더큰 것은 설렘이 없다는 것인데 오늘은 설레게 하네요.

C : 네... 좋은 분들과의 만남, 완전 기대됩니다... ^^

B : 네... 설렘을 주는 좋은 아침입니다.^^ 세 분 모두 저보다 연배이시고 각 분야에 절대 고수이시니 반가운 만남의 자리.. 귀만 열고 있어도 큰 배움일 것 같아 많이 기대되고 설렙니다.^^

D : 오늘은 너무 겸손함만 가져오면 앙돼요~ 무엇인가 얻어가시려고 하지 말고 무언가 주려고 노력하셔야 합니다. 케네디 대통령도—그랬잖아요~

C : 제 눈에 비친 세 분의 모습의 공통점은, 정말 가슴이 따뜻한 분들이고 인품이 훌륭한 분들이란 것입니다. 나름 사회에서 인정받는 분들이신데도, 교만은 눈을 씻고 찾으려해도 찾아지지 않는다는... ^^ 훌륭한 분들을 한 번에 뵐 수 있게 해주신 오풍연 교수님.. 감사합니다... ^^

나를 감동시킨 페친

행복하다. 어제 밤 페친들과 만남의 흥분이 가시지 않는다. 셋 모두 나이는 나보다 1~4살 적지만 분야의 베테랑들. 처음 만남이지만 그들이 자랑스럽다. 연장자로서 역할을 잘 할지 걱정이 되는 것도 사실이다. 특히 한 친구는 나를 감동시켰다. 내가 그동안 쓴 에세이집 7권 가운데 공저를 빼고 6권을 가지고 와 사인을 해달란다. 보통 정성이 아니다. 6권 중 두 권은 품절되거나 절판됐는데 중고를 구해왔다. 나도 적극적인 편이지만 이 대목에선 그 친구를 따라가지 못할 것 같다. 만나자마자 바로 호형호제를 했다. 폭탄주도 여러 잔 돌았다. 좋은 친구들과 마시니 술도 덜 취하는 것 같았다. 어제 순간 만큼은 누구도 부럽지 않았다. 좋은 사람들과 한 잔. 일부러 돈을 주고도 살 수 없는 인연이다. 한 친구에게 내가 매고 갔던 빨간 넥타이를 풀어 주었다. 빨간색은 행운을 가져다준다고 한다. 그 친구와 인연을 단단히 동여맨 셈이다. 오늘 새벽도 두시 반 기상. 기분 좋게 하루를 시작한다.

선물 나누기

페친들과 즐거운 저녁 시간을 가졌다. 셋이 했다. 그 페친의 준비성이 느껴졌다. 1~3층이 식당인데 3층의 아담한 방을 잡았다. 어제가 두 번째 만남. 내 졸저 6권을 모두 읽은 친구다. 그러니 나를 거의 전부 안다고도 할 수 있었다. 거듭 고마움을 전했다. 집에 돌아올 때는 선물까지 안겨줬다. 장모님을 모시고 사는 것을 알고 특별히 어른을 챙겼다. 집에 돌아오니 아내가 크게 반긴다. 선물을 싫어할 사람은 없다. 따라서 작은 것이라도 나누는 것이 좋다. 마음 같아선 대한민국 전 국민과 나누고 싶다. 올 추석도 몇몇 지인들과 작은 선물을 주고 받았다. "웬 기자가 선물이냐"고 의아해 하는 사람들도 있다. 기자는 받기만 한다는 선입견 때문일 터. 기자들도 이런 편견을 깨야 한다. 가는 정이 있어야 오는 정도 있기 마련이다. 이처럼 삶의 이치는 간단하다. 실천을 하자.

어느 페친의 초대

페친의 초대를 받은 날이다. 페친으로부터 이 같은 초대를 받기는 처음이다. 내가 페친들을 초대해 자리를 함께한 적은 있어도 초대를 받은 적은 없다. 사실 남을 부른다는 게 쉬운 일은 아니다. 무엇보다 마음이 있어야 하기 때문이다. 페친은 페친일 뿐이라고 여기는 사람들이 많다. 다시 말해 온라인 상에서 소통만 하면 됐지 만날 필요까지 없지 않느냐는 것. 오늘 초대한 분 역시 보통 사람은 아니다. 굉장히 진지한 분이다. 앞서 뵌 적이 있기에 그 성격을 대충 안다. 나보다는 네 살 아래. 대기업 임원으로 있다. 사람을 가릴 만도 한 자리인데 매우 소탈하다. 페친이 많은 이유이기도 할 게다. 그래서 초대에 흔쾌히 응했다. 아니 기다려졌다. 지금까지 두 번 만났으니 앞으로도 인연이 이어질 터. 사람은 혼자 살 수 없다. 어울려 함께 지내는 것이 좋다. 그래야 덜 외롭다. 인연의 끈을 놓아서는 안 된다. 그러려면 나부터 겸손해야 한다. 자기를 낮출 때 가능하다. 겸손도 생활화하자.

3333번째 페친의 탄생

저의 3333번째 페친을 공개합니다. 주인공이 공인이라서 공개해도 괜찮을 것 같습니다. 물론 양해는 구하지 않았습니다. 더맥키스컴퍼니 조웅래 회장님입니다. 그저께 새벽에 당첨(?) 되셨습니다. 제가 더 영광이죠. 대전에 계신 분들은 조 회장님을 잘 알 겁니다. 계족산 황톳길로 더 유명합니다. 사비를 털어 계족산에 황톳길을 만들었죠. 더맥키스컴퍼니는 주류 회사입니다. 예전의 선양소주입니다. 대전에 가면 소주 린을 먹어 보셨으리라 생각합니다. 저도 깜짝 놀랐습니다. 조 회장님이 주인공이 되리라곤 생각지도 못했습니다. 점심 대접은 약속을 지킬 겁니다. "ㅋㅋ 점심 영광을 제가 안았네요. 저는 대전에 거주 하고 있습니다… 서울에 종종 갑니다… 일간 점심 한 그릇 사 주십시오. 멋진 월요일 되십시요(^..^)" 조 회장님으로부터 받은 메시지 입니다. 어제 회장님께는 내 졸저를 한 권 보내드렸습니다. 회장님 역시 얼마 전 『첫술에 행복하랴』라는 책을 내셨습니다. 나에게 보내주신다고 했습니다. 회장님이나 저의 화두는 '행복' 입니다. 모든 페친께 행복을 드립니다.

한 독자의 메일

오풍연 파이넨셜뉴스 논설위원께 드립니다. 그간, 안녕하셨습니까? 애독자 조영호입니다. "와인 선물"은 자기가 정말로 마음으로 존경하고 사랑하는 사람에게 선물한다든데. 혹시, 그 음식점 따님이? 더구나 술을 좋아하시는 분에게 "와인 선물"은 금상첨화군요! 3332-3333 페친과의 대화가 너무나 오풍연다워서 인상 깊습니다. "여의도 단골식당 주인집 딸에게서 이탈리아산 와인을 선물받았다. 시칠리아 여행 중 사왔다고 한다. 손님을 챙겨주는 마음씨가 정말 곱다. 가격을 떠나 너무 귀한 술이라 누구와 마셔야 할지 고민된다. 좋은 아이디어 있으면 달라." 강현숙님이 3332번째 페친이셨나요. 그것은 확인을 못 했습니다. 어쨌든 감사합니다. 제가 3333 번째인들 식사 대접은 못 받을 거 같은데요? 왜죠. 여의도에 한번 나오시죠. 오늘 와인을 선물 받은 곳으로 모시겠습니다. ㅍㅎㅎㅎ 뱅기 값이 더 들겠습니다. 아. 국내에 안 계시군요. 그럼 한국에 나오실 때 연락주세요. 제 번호는 010-5327-9***입니다." 한 사람의 페친에게 정성을 다하시니 "오풍연"다운 모습입니다. 3333번째라면 대단합니다. 계속 발전하기를 기원합니다.

인생도 문학이다

다음 주 설 연휴 기간 중 5000번째 페친이 나올 것 같다. 페이스북을 시작한 지 4~5년쯤 된다. 심심풀이로 시작했는데 여기까지 왔다. 그동안 나쁜 기억은 거의 없다. 온라인은 물론 밖에서도 페친들을 만났다. 새로운 친구의 탄생이었던 셈이다. 외연을 더 넓힐 수 있는 계기도 됐다. 모두 고마울 뿐이다. 페북에는 나의 모든 것이 들어 있다. 매일매일 일기 형식으로 적어 놓았기 때문이다. 말하자면 흔적의 종합판이라고 할까. 삶은 나와 남이 다를 바 없다. 그 속에 희노애락이 있다. 삶을 하나의 문학으로 보는 나. 결국 인생은 문학이기도 하다. 그런 점에서 본다면 모든 사람이 작가. 문학을 거창하게 볼 필요가 없다는 얘기다. 삶과 문학을 즐기자.

Chapter 3

언론인 오풍연

나는 신문 없는 정부보다 정부 없는 신문을 택하겠다. • 제퍼슨

오풍연, 당당한 언론인의 길을 가다

■

서울신문 CEO에 도전...
들러리를 서거나 줄을 댈 생각은 추호도 없다.
그럼 또 다시 물 건너 갈지 모른다.
그래도 나만의 길을 걸을 생각이다.
이를테면 오풍연 방식이다.

언론 동문회

대전고 언론인 모임. 이름하여 '대언회'. 오랜만에 모였다. 그래도 선후배끼리 만나니까 좋다. 남들이 부러워하던 시절도 있었다. 그러나 마지막 시험 기수인 81학번 이후 기자는 별로 없다. 그래서 많이 쪼그라들었다. 한때는 중앙일간지, 방송사 등 언론사 편집, 보도국장을 5명이 동시에 한 적도 있었다. 다들 부러워했음은 물론이다. 그 같은 영화는 다시 오지 않을 터. 아직 중앙일간지 사장은 배출하지 못했다. 내가 3년 전 서울신문 사장이 되었더라면 첫 테이프를 끊었을 것이다. 그 꿈이 이뤄질지 모르겠다. 대언회의 명맥은 유지되고 있다. 현재는 50명 내외란다. 나보다 25년 후배도 있었다. 내가 늙었다는 증거. 하긴 60에 가까워 온다. 모임을 마치고 집으로 돌아오는 발걸음도 가벼웠다.

오풍연 방식

서울신문 사장이 조만간 바뀔 것 같다. 3년 전 이맘때쯤 내가 지원했던 자리다. 당시 꿈을 이루지 못했음은 물론이다. 지금도 관심이 없다고 하면 거짓말. 기회가 주어지면 멋지게 하고 싶다. 그러나 CEO 자리는 여러 변수가 있다. 더군다나 서울신문은 정부가 대주주다. 정부의 입김이 작용할 수밖에 없다는 얘기다. 3년 전엔 패기 하나로 도전했다. 서울신문에서의 25년 2개월을 평가받자고 했다. 그러나 결과적으로 실패했다. 나 혼자 내린 결정이었다. 이번에는 여러 상황을 주시하고 있다. 벌써 자천타천으로 거론되는 분들이 많은 것 같다. 본인이 유력하다고 선전하는 사람도 있단다. 솔직히 인사는 마지막까지 뚜껑을 열어보아야 알 수 있다. 들러리를 서거나 줄을 댈 생각은 추호도 없다. 그럼 또 다시 물 건너 갈지 모른다. 그래도 나만의 길을 걸을 생각이다. 이를테면 오풍연 방식이다.

서울신문 OB

오늘은 네 개의 스케줄을 소화해야 한다. 조금 바쁠 것 같다. 아침 7시 30분부터 여의도 한전 대강당에서 교육을 받는다. 강사는 강철서신으로 유명한 김영환 씨. 북한의 실상에 관한 얘기를 들을 예정이다. 회사 측이 전 사원 대상으로 특별강연을 마련한 것. 쉬는 금요일이어서 강의만 듣고 아침 식사를 한 뒤 집에 온다. 아내와 둘이서 경기도 안산 현불사에 가기로 했다. 시간 날 때마다 종종 들르는 절이다. 절에서 점심 식사를 하고 아들이 근무 중인 잠실 석촌호수 근처 엔제리너스 커피숍에 들를 계획이다. 나는 녀식이 근무하는 곳을 처음 가본다. 녀석의 첫 직장이다. 저녁에는 서울신문 부장으로 있을 때 함께 근무했던 후배들과 만난다. 지금은 모두 서울신문을 떠났다. 둘은 다른 신문사, 한 명은 공무원, 또 다른 한 명은 일반 회사로 옮겼다. 아주 드문 일일 터. 내가 적극적으로 권장하기도 했다. 개인의 발전을 위해서다. 이처럼 갈 곳이 있고, 누구를 만날 수 있다면 행복하지 않다고 말할 수 없다. 내가 사는 방식이기도 하다. 행복은 자기가 만드는 법이다.

서울신문 사장 도전 이유

내가 25년 2개월간 근무했던 서울신문에서 아주 불미스런 일이 일어났다. 회사 측이 사주 조합장을 해임한 것. 해임은 사형 선고나 다름없다. 그 조합장은 나보다 후배다. 하루 아침에 직장에서 쫓겨나는 신세가 된 것. 본인도 그렇겠지만 가족들은 얼마나 비참하겠는가. 왜 그랬는지 정확한 내막은 모른다. 하지만 회사 측의 조치가 과하다는 생각이다. 해임하지 않고 방법을 찾는 것이 옳았다. 인사권을 그런 식으로 휘두르면 안 된다. 그 후배도 25년 이상 근무했다. 서울신문의 파벌 때문이 아닌가 생각한다. 내가 2012년 2월 문화홍보국장으로 있다가 사표를 내고 사장에 도전했던 이유이기도 하다. 파벌은 분명 회사 발전을 가로막는 걸림돌이다. 그런 폐단을 없애려고 사장에 도전했으나 뜻을 이루지 못했다. 당사자도 그렇겠지만 다수의 사원들은 뭔가. 경영진과 조합장의 싸움에 희생양이 될 수 있다. 친정의 집안 싸움이 걱정스럽다. 잘 해결되기를 바랄 뿐이다.

영원한 현역

언론의 기능은 역시 비판이다. 내가 쓴 사설이나 칼럼도 페이스북에 올린다. 어제 올린 사설은 박근혜 대통령의 신년 기자회견을 비판한 글. 제목은 '불통 논란 불식 못한 대통령 신년 회견'. 많은 페친들이 공감을 표시해 주었다. 이는 다시 말해 박 대통령이 국민의 성에 차지 않는다는 얘기. 국민은 절대로 바보가 아니다. 긴 것과 아닌 것을 분명히 구분할 줄 안다. 손바닥으로 하늘을 가릴 수 없는 이치와 같다고 할까. 모든 언론사의 사설이 비슷했다. 진보니 보수니 경향을 따질 것도 없었다. 대통령도 엄중함을 알아야 한다. 마이웨이를 해서는 안 된다. 처음으로 사설 얘기를 한 것 같다. 오늘도 점심, 저녁 약속이 있다. 저녁엔 광화문에 나간다. 50년 가까이 기자생활을 하신 김성호 전 주필님을 만나기로 한 것. 후배들의 롤 모델이다. 중앙일보, 문화일보를 거쳐 이곳 파이낸셜뉴스에서 언론인 생활을 마감했다. 최고로 복받은 분이다. 우리나이로 74세까지 현역 생활을 했다. 나도 그 기록에 도전하고 싶다. 그 같은 꿈이 이뤄질까.

강소지를 지향하다

회사 자랑 좀 해야겠다. 오늘 시무식을 여의도 콘래드호텔에서 한다. 조찬을 겸한 자리다. 전 직원 230여 명이 참석한다. 파이낸셜뉴스는 2000년 창간돼 15년된 회사다. 그동안 경제지로서 내실을 다져왔다. 비용도 만만치 않게 들어갈 터. 사기 진작 차원이라고 생각한다. 작년에도 이 호텔에서 시무식을 했다. 2년 전 망년회는 홍은등 그랜드힐튼호텔. 돈이 많아서 호텔을 이용하는 것은 아니다. 그 이상의 효과를 보기 때문에 이 같은 행사를 하는 것으로 안다. 이전 직장인 서울신문에서는 상상할 수 없는 일이다. 파이낸셜뉴스는 강소지를 지향한다. 작지만 영향력 있는 신문. 나도 일조해야 함은 물론이다. 서울신문에서 25년 2개월, 이곳 파이낸셜뉴스에서 만 2년 3개월 근무했다. 기자인 게 좋다. PD를 마다하고 내가 선택한 직업. 출발도, 종착역도 기자다. 모든 게 감사할 따름이다.

을미년 새벽에

을미년. 우리 나이로 쉰 여섯, 만 55세 되는 해다. 만약 서울신문에 계속 있었더라면 5월 31일이 정년퇴직일이다. 생년월일 다음달 마지막 날 퇴직하는 규정에 따른 것. 미리 사표를 내고 나왔기 때문에 그런 걱정은 하지 않아도 된다. 불행 중 다행이랄까. 전화위복이랄까. 2012년 2월 서울신문 사장 도전에는 실패했지만 새 세상을 맛봤다. 먼저 7개월의 백수 생활. 직장의, 일의 소중함을 다시 한 번 깨우치는 시기였다. 그런 다음 두 가지 일을 얻었다. 대경대 초빙교수(2012년 9월), 파이낸셜뉴스 논설위원(2012년 10월). 둘 다 소중한 직업이다. 정년도 없다. 비정규직이기 때문이다. 이 기간 동안 3권의 에세이집도 냈다. 본격적으로 작가(?) 수업을 쌓은 셈이다. 작가까지 세 가지 일을 병행해 왔다. 올해는 여기에 한두 가지 일을 더 할 것 같다. 물론 지금 하고 있는 일에 지장을 주지 않는 범위 내에서다. 시간이 없다는 것은 핑계다. 평일 날 못 하면 토,일요일이나 휴일을 이용하면 된다. 아니면 일과 후 밤에 하면 해결할 수 있다. 이런 생각을 하면 신난다. 그러기 위해선 몸이 받쳐주어야 한다. 오른쪽 어깨도 다 나았다. 첫째가 건강, 둘째가 일이다. 명심하자.

파이낸셜뉴스 2년

파이낸셜뉴스에 둥지를 튼 지 만 2년이 지났다. 2012년 10월 4일 들어왔으니까 2년 하고도 이틀이다. 솔직히 엊그제는 모르고 지나갔다. 생각은 하고 있었지만 깜빡했다. 대경대 초빙교수는 그보다 한 달 전에 갔다. 그때부터 투잡을 시작한 것이다. 두 곳 모두 고맙다. 나에게 일할 기회와 터전을 주었다. 서울신문 사장에 도전하기 위해 사표를 낸 것은 2012년 2월. 만 7개월 동안 자의반타의반으로 백수 생활을 했다. 물론 그 시절에도 도움을 준 친구가 있었다. 그 친구에게도 여전히 고마움을 느낀다. 가장 힘들고 어려울 때 도와주었다. 내가 반드시 갚아야 할 몫이다. 사람이 은혜를 잊어서는 안 되기 때문이다. 그래서 더욱 열심히 살려고 한다. 파이낸셜뉴스로 옮기면서 논설위원만 네 번째다. 서울신문에서도 3번이나 했다. 나에게 딱 맞는 분야인지도 모르겠다. 어쨌든 사설이나 칼럼 쓰는 것을 좋아한다. 글쓰는 것이 즐겁고 행복하다. 대학 강의도 5학기째. 이제는 준 베테랑(?)이 됐다고 할까. 무엇보다 젊은 학생들을 만나는 것이 좋다. 1주일에 한 번씩 대구에 내려가는 것도 즐겁다. 매번 소풍가는 기분으로 왕복한다. 또 한 주의 시작. 힘차게 출발하자.

언론계 후배

모처럼 4시까지 푹 잤다. 어제 저녁 KBS 간부로 있는 지인과 저녁을 하면서 술을 약간 마신 까닭이리라. 주말이나 휴일엔 거의 술을 안 마시는데 그 친구가 한잔 하자고 해서 응했다. 그 친구 어머니가 우리 아파트 같은 층에 살고 계시다. 그런데 최근 뇌경색으로 쓰러지셨다. 이미 돌아가신 어머니와 동갑이셔서 나도 평소 어머니처럼 대해드렸다. 올해 81살이다. 지난 토요일 아내와 함께 병문안도 갔다 왔다. 그 어머니는 지금까지 혼자 사셨다. 이제는 남의 도움이 필요하다. 그래서 집도 처분했다. 조만간 이사를 가실 예정이다. 그 친구와 저녁을 같이 한 이유이기도 하다. 나와 법조 출입도 함께 했다. 전국 언노련 위원장을 할 만큼 심지도 굳은 친구다. 둘이 소주잔을 기울이기는 정말 오랜만이었다. 여러 얘기를 나누었다. 내가 한 살 더 많다. 그래도 깍듯하게 선배 대접을 한다. 어제 역시 결론은 건강. 오늘 아침도 한강에 나가 시작하려고 한다. 건강한 한 주 되시라.

정년퇴직

서울신문 입사 동기 중 1명은 정년퇴직했고, 또 한 명도 이달 말 정년퇴직한다. 1986년 12월 입사했는데 벌써 퇴직이라니. 서울신문은 만 55세 정년이다. 나도 서울신문에 계속 있으면 내년 5월 말 정년퇴직. 오히려 일찍 나온 게 낫다고 할까. 지금 몸담고 있는 신문사는 촉탁직이어서 정년이 없다. 말하자면 비정규직. 서울신문 동기들과 26일 만나기로 했다. 무교동에서 소주 한잔 하기로 한 것. 수습 받던 시절이 정말 엊그제 같다. 그런데 세월이 28년이나 흘렀다. 시간은 붙잡을 수가 없다. 그것에 순응해야 한다. 나는 그래도 행복한 편이다. 논설위원에다 대학 초빙교수를 겸직하고 있으니 말이다. 대학 강의도 5학기째. 신문사도 그렇고, 대학 측도 고맙다. 일할 수 있는 공간이 얼마나 소중한지 모른다. 그런 만큼 최선을 다해야 한다. 나의 인생 좌우명이기도 하다.

청와대 출입기자

이낙연 전남지사님과 서울 여의도에서 저녁을 했다. 이 지사는 언론계 선배. 늦었지만 당선을 축하하는 자리였다. 김대중 대통령 당시 청와대를 출입했던 기자 8명이 나왔다. 연락이 닿은 친구는 모두 나왔다. 내가 연락책을 맡았다. 약속을 하고도 잘 나오지 않는 게 기자들이다. 그런데 오늘은 100% 참석했다. 이 지사님께 미리 귀띔을 했지만 이 지사도 놀란 눈치였다. 기자들이 고맙지 않을 수 없다. 덕담이 오갔다. 우리 8명 가운데 촉탁직인 나를 빼고 나머지는 모두 간부다. 상무, 실장, 국장 등으로 있다. 보도국장, 편집국장을 지낸 친구도 2명 있다. 잘 알다시피 이 지사는 실력으로 그 자리에 올랐다. 우리는 더 큰 역할을 주문했다. 이 지사가 마지막 비행기로 내려가야 하기에 일찍 자리를 끝냈다. 이 지사님과 전남도의 발전을 빈다.

아고라 논객

나보고 '아고라 논객'이 아니냐고 묻는 사람들이 있다. 물론 아고라에 종종 글을 올린다. '오늘의 아고라'에도 자주 선정되는 편이다. 한 번 선정되면 기본적으로 수만 명이 본다. 지금까지 내가 올린 글을 전부 합치면 수백만 명은 봤을 터다. 그렇다고 '논객'이라고 생각하지 않는다. 나는 있는 그대로를 쓰기 때문이다. 아고라의 내 필명은 '새벽을 여는 남자'. 그동안 400여 개의 글을 올린 것 같다. 주변의 소소한 이야기들이다. 따라서 거창하지도 않다. 우리네 삶을 읊는다고 할까. 일기를 왜 올리느냐고 힐난하는 사람들도 적지 않다. 나는 내 얘기를 주로 쓴다. 남의 얘기는 객관성이 떨어진다. 다소 주관적일 수밖에 없다. 사람마다 관점이 다르다. 자기 관점에서 보면 되는 것이다. 자기에겐 관대하고 남에게 혹독한 것이 사람의 심리다. 내가 깨뜨리고자 하는 인간의 유형이다. 그게 가능할까.

기자 교육

기자들만큼 자기 잘난 맛에 사는 사람도 드물 것이다. 기사도 자기가 가장 잘 쓰는 줄 안다. 분명 착각이다. 남이 알아주어야 맞다. 그런 기자들을 교육시키는 날이다. 회사에서 조를 짜 기자교육을 하는데 나는 강사 자격. 나 또한 그만한 자격이 있는지 모른다. 다만 그들보다 선배이고, 경험이 조금 많다고 할까. 다른 것도 아니고 어떻게 하면 칼럼을 잘 쓰는지 말해주어야 한다. 솔직히 어려운 과제다. 글은 상대적이고, 주관적이기 때문이다. 따라서 사람마다 다를 수밖에 없다. 잘쓴 글, 못쓴 글. 누가 판단하랴. 읽는 사람이 판단할 수밖에 없다. 물론 내가 추구하는 글쓰기 방식은 있다. 그렇다고 기자들에게 그것을 강요할 수는 없지 않겠는가. 그것은 내 방식이기 때문이다. 무엇보다 자기 글을 쓰는 것이 중요하다. 기자들이 호응해 줄지도 미지수다. 자존심 하나로 버티는 기자들. 그것을 버려야 진정한 기자로 거듭 태어날 수 있는데.

이름도 지어드립니다

이름 짓는데 조금 소질이 있는 편이다. 내가 산파역을 맡고, 작명까지 한 모임이 여럿 있다. '청춘회'가 가장 대표적이다. 김대중 정부 당시 청와대를 출입했던 기자들의 모임이다. 청와대 춘추관에서 따왔다. 춘추관은 출입 기자들이 머무르는 곳. 2003년 2월 만들었다. 지금도 1년에 한 차례 이상 만난다. '여백회'도 빼놓을 수 없다. 2009년부터 2012년까지 법무부 정책위원을 함께 했던 분들과 만든 모임이다. 지난해 만들었다. 餘白이란 말도 내가 지었다. 1년에 봄, 가을 두 번 정기적으로 모인다. 아주 훌륭한 분들이 참여하고 있다. 허영 경희대 석좌교수, 박효종 방송통신심의위원장, 김태유 서울공대 교수, 김영천 서울시립대 교수, 김성오 메가넥스트 대표『육일약국 갑시다』의 저자, 박은석 은행감독원 감찰국장, 박균택 광주고검 차장검사, 나 등 모두 8명이다. 검사 출신인 박 국장과 박 차장만 나보다 밑이다. '행복모임'

도 빼놓을 수 없다. 가장 최근에 만들었다. 유진선 대경대 설립자 겸 명예총장, 김인 코이카 이사, 이승원 한국발전기술 대표, 나 등 4명이 모여 결성했다. 김 이사는 나와 대전고 동기다. 역시 자주 얼굴을 본다. 모임은 삶을 더욱 기름지게 한다. 유대감을 공고히 한다고 할까. 한 분 한 분의 얼굴이 떠오르는 새벽이다.

글 쓸 때 가장 행복해

기자 생활 29년째로 접어들었다. 1986년 12월 16일 입사했다. 어제가 바로 입사 28주년 이었다. 강산이 세 번 변할 만큼 신문사 밥을 먹었다. 앞으로 얼마나 더 있을까. 그것은 나도 모른다. 내가 싫어서 그만두던지, 회사가 그만두라고 할 때까지 다닐 것 같다. 일단 30년은 채우고 싶다. 2년 밖에 남지 않았다. 논설위원은 사설과 칼럼을 쓴다. 내가 맡은 분야는 정치와 사회 쪽. 나라가 어지럽고, 사회도 시끄러워 사설을 자주 쓰는 편이다. 1주일에 4~5번 사설을 쓸 때도 있다. 고정 '오풍연 칼럼'은 2주일에 한 번. 미니 칼럼인 'fn스트리트'는 1주일에 한 번 쓴다. 나에게 글을 쓸 수 있는 공간을 제공해 준 파이낸셜뉴스 측이 고맙다. 책은 주로 새벽에 쓴다. 매일 두세 시쯤 일어나 전날 일어났던 일들을 일기 형식으로 기록한다. 이번 『새벽을 여는 남자』 역시 같은 형식이다. 나는 일기도 문학의 한 장르로 본다. 그렇게 해서 8권의 에세이집을 낼 수 있었다. 글을 쓸 때 가장 행복감을 느낀다. 나의 생명이기 때문이다. 작가에게 정년은 없다. 영원히 글을 쓰고 싶다.

사장 다시 도전할까

나른한 오후다. 오늘은 사설이나 칼럼을 쓰지 않아 한가하다. 더러 이런 날도 있다. 서울신문 현 사장의 3년 임기가 다가오면서 나에게도 묻는 사람들이 있다. "이번에도 사장에 도전할 거냐" 솔직히 생각은 있지만 아직 결심을 하지 않았다. 여러 가지 변수가 많기 때문이다. 2012년에는 25년 2개월 다니던 서울신문에 사표를 내고 도전했었다. 그러나 이번에는 그럴 염려는 없다. 그냥 지금 있는 자리에서 내면 된다. 신상의 변화가 없다는 얘기다. 사장추천위가 구성된다고 해도 한 사람을 뺀 나머지는 모두 들러리다. 다들 그것을 모를 리 없다. 하지만 혹시나 해서 지원서를 내는 경우도 있다. 서울신문은 주주 구성이 특이하다. 우리사주가 1대 주주, 나머지 60여 퍼센트는 정부 우호 지분이다. 정부의 입김이 작용할 수밖에 없는 구조다. 정부와 가까운 사람이 될 터. 그런 점에서 본다면 나는 아무런 연고가 없다. 그저 논설위원으로서 글을 쓰고, 초빙교수로 강의만 할 뿐이다. 나에게도 기회가 올까. 그것은 오로지 신(神)만이 알 게다. CEO에 대한 나의 단상이다.

오늘 최선을 다하면 내일은 있다

서울신문을 떠난 지도 만 3년이 넘었다. 2012년 2월 7일 사표를 냈다. 그때까지 다닌 기간은 만 25년 2개월. 서울신문 사장에 도전했으나 실패했다. 직장 생활을 시작한 이후 처음 맛보는 패배였다. 하지만 전화위복의 계기는 마련해 주었다. 세상을 보다 폭넓게 보게 된 것. 그래서 후회는 하지 않는다. 사람들도 다시 보게 됐다. 물론 서운한 사람도 있지만 모두 마음속에서 지웠다. 그러니까 더욱 편안해진다. 그 덕에 여러 가지 잡을 갖거나 경험하게 됐다. 지금 논설위원은 예전 직업의 연장. 두 군데 대학 초빙교수는 생각지도 못했다. 그러나 한 곳은 6학기째 강의를 한다. 글쓰기도 더욱 박차를 가했다. 그 결과 매년 한 권씩 3권을 더 냈다. 인터넷 강사도 새로운 경험. 계속 서울신문에 사원으로 있었더라면 꿈도 꾸지 못할 일이다. 매사에 감사하는 이유랄까. 오늘 최선을 다하면 내일이 있다. 명심하자.

도전은 여전히 진행형

인생은 도전의 연속이다. 도전하는 삶은 지루하지 않다. 현재 진행형이기 때문이다. 솔직히 나는 도전을 즐긴다. 학생들에게 강조하는 대목이기도 하다. 내가 도전하지 않으면서 남에게 도전하라고 얘기할 수 없다. 기회 또한 도전하는 사람에게만 온다. 가만히 앉아서 기다리는 사람에겐 기회가 오지 않는다. 도전할 때마다 성공하긴 어렵다. 나 역시 마찬가지. 첫 번째 도전은 노조위원장 선거. 1996년 서울신문 노조위원장 선거에서 98%의 지지를 얻어 당선됐다. 단독 출마였기 때문에 그 같은 결과를 얻은 측면도 있다. 하지만 그 기록은 지금까지 깨지지 않고 있다. 두 번째 도전은 실패했다. 2012년 서울신문 사장 도전에 나갔다가 쓴맛을 본 것. 여러 가지 이유가 있지만 나의 부족함이 가장 크다고 할 수 있다. 더 채워 또 다시 도전하려고 한다. 어제 OK한 인터넷 강사도 또 다른 도전으로 볼 수 있다. 사실 요즘 인강(인터넷 강의)은 젊은 사람들이 한다. 내 나이(56세)는 환갑에 가까울 정도다. 나에게 기회를 준 것 자체가 고맙다. 그런 만큼 2월 1일 촬영할 때까지 더 열심히 준비할 생각이다. 그다음 도전은 무엇이 될지 나도 모른다. 도전이 무한대로 열려 있는 까닭이다. 오늘 새벽은 '도전'에 대한 나의 단상을 적는 것으로 시작한다.

Chapter 4

가르치는 오풍연

훌륭한 가르침은 1/4이 준비과정, 3/4은 현장에서 이루어진다. • 게일 고드윈

오풍연, 가르치며 배우다

무엇보다 젊은 학생들의 고충을
간접적으로나마 들을 수 있어 기쁘다.
젊은이들의 사고방식이 진취적이고, 긍정적이다.
조금만 더 매진하면 모두 꿈을 이룰 수 있을 터.
가르치는 보람은 무엇과도 바꿀 수 없다.

오풍연식 강의

난 절대로 강요하는 스타일이 아니다. 거의 모든 것을 자율에 맡긴다. 대학 수업만 해도 그렇다. 학생들이 강의에 들어오건, 말건 신경쓰지 않는다. 단 한 명의 학생이 있으면 그 학생을 앉혀 놓고 강의를 하는 스타일이다. 그러다보니 출석률이 갈수록 떨어진다. 물론 출석은 부른다. 대학생은 성인이다. 스스로 판단할 줄 아는 나이이다. 그들에게 이러쿵저러쿵 얘기하는 것은 잔소리다. 나 역시 잔소리를 싫어하는 만큼 남들에게도 하지 않는다. 대신 칭찬은 자주 한다. 고래도 춤출 수 있도록 하는 것이 칭찬이라고 하지 않던가. 지금 진행하고 있는 '자신감' 2기 스터디만 해도 그렇다. 수강 신청만 해놓고 딴청을 부리는 학생들이 많다. 무료강좌여서 더 그럴지도 모른다. 아니면 내 강의에 흥미가 없던지. 이번 강좌에서도 꼬박꼬박 후기를 올리는 수강생이 1명 있다. 책으로 따지면 진성독자와 같다고 할까. 그 한 사람이면 된다. 강의를 계속할 명분은 있기 때문이다. 오늘도 강의하러 대구에 내려간다. 오전에 105명, 오후에 71명이 각각 내 강의를 듣는다. 출석률은 비교적 좋은 편이다. 학생 없는 교수는 있을 수 없다. 강의 단상이다.

가르치는 보람

강의하면서 어려운 줄 몰랐다. 그동안 대구에 내려가 오전 두 시간 강의를 한 뒤 점심을 먹고 서울로 올라왔다. 이번 학기부터는 오후에도 두 시간 더 강의를 한다. 학생이 많아 두 반으로 나눴다. 물론 같은 과목이다. 하루 네 시간 강의는 조금 힘에 부쳤다. 계속 말을 해야 되기 때문이다. 강의를 마치고 올라오면 약간 피곤함도 느껴진다. 시간강사들의 애환을 알 수 있을 것 같다. 그들은 장소를 옮겨가면서 강의를 한다. 종합대 교수들이 주 6시간을 강의를 하는 것도 알 법하다. 나머지 시간을 연구에 할애하라는 얘기다. 신문사 선후배들도 여럿 겸임교수를 한다. 말이 교수지 시간강사다. 그런데 오래 버티지 못한다. 여러 가지 조건이 맞지 않아서다. 내가 만 3년째 강의를 하는 것을 보고 다들 부러워한다. 난 학교 측의 배려로 거의 불편을 느끼지 않는다. 대구에서의 왕복 교통편을 제공받는다. 새벽에 일찍 일어나니 아침 KTX로 내려가는 것도 오히려 즐긴다. 내년에는 남양주 캠퍼스가 문을 연다. 남양주에서 학생들을 만날지도 모르겠다. 가르치는 보람은 무엇과도 바꿀 수 없다.

강의 단상

대구 강의하러 내려가는 날이다. 6학기째 강의를 하고 있지만, 한 번도 내려가기 싫은 날이 없었다. 그만큼 건강했다는 얘기도 된다. 강의시간에 늦거나 휴강도 하지 않았음은 물론이다. 정말로 소풍가는 기분으로 내려간다. 일 년 4계절을 느낄 수 있다. 차창 밖으로 펼쳐진 자연을 감상할 수 있는 것도 축복이다. 한 학기에 15주 강의를 한다. 오늘이 3주째 강의. 수강 신청 정정 기간을 거쳐 출석부도 나온다. 학생들에게 1분 스피치 기회를 주려고 한다. 새학기이다 보니 서로 잘 모를 수도 있다. 이번에는 거의 다 신입생이다. 고등학교 수업과 대학 수업은 완전히 다를 터. 대학은 자율을 중시한다. 수업을 빼먹는다고 야단치는 사람도 없다. 특히 내 수업은 완전 자율. 출석을 하든 않든 다 패스시킨다. 대신 강의를 듣고 한두 가지는 꼭 실천하라고 강조한다. 사실 진지한 학생은 많지 않다. 보다 치열하게 살아야 하는데. 그래서 아쉬운 점도 많다. 강의 단상이랄까.

인터넷 강의

지난주는 생애 처음으로 인터넷 강의를 진행했다. 물론 촬영분을 닷새 동안 내 보낸 것. 제목은 '오풍연 선생님의 기자 스터디'. 말만 기자 스터디이지 실제론 살아가는 방식을 얘기했다. 그중에서도 특히 '도전 정신'을 강조했다. 내 나름대론 최선을 다한 강의였다. 주말을 쉬고, 오늘이 6일 차 강의다. 보람도 있지만 아쉬운 구석도 있다. 수강생들의 열의가 점차 떨어져 가고 있는 듯한 느낌이다. 스터디를 알리는 가이드 조회 건수가 갈수록 줄어들고 있다. 1일 차 232회, 2일 차 116회, 3일 차 66회, 4일 차 68회, 5일 차 41회 등이다. 조회 숫자가 무엇을 말하는지는 정확히 모르겠다. 스터디 참여율을 말해주는 수치가 아닌가 싶다. 이번 강좌는 무료다. 카페 회원이면 누구나 신청만 하면 수강을 할 수 있다. 반드시 들어야 한다는 의무감도 없다. 들어도 그만, 안 들어도 그만이다. 때문인지 주말에도 보충을 하지 않은 것 같다. 인내심 부족이랄까. 기왕 시작했으면 뿌리를 뽑아야 한다. 적당히는 안 된다. 뭐든지 열심히 해야 한다는 얘기다. 강의를 듣고 생활 습관 등이 바뀐 경우도 있는 듯하다. 단 한 사람이라도 효과가 있다면 다행이다. 젊은이여, 자신을 한번 되돌아보라. 지금 최선을 다하고 있는지.

개강

3월 3일부터 개강이다. 12월 중순 방학을 한 뒤 대구에 내려가지 않았다. 3월 5일(목) 첫 강의를 한다. 어떤 학생들이 내 강의를 들을지 모르겠다. 교양과목 2학점짜리다. 이번 학기 강의 제목은 '쉬운 글쓰기'. 학생들에게 글쓰기를 지도하려고 한다. 말 그대로 쉽게 글쓰는 법을 가르칠 생각이다. 내 강의의 특징은 교재도 없고, 시험도 없는 것. 5학기째 그렇게 해 왔고 앞으로도 다르지 않다. 출석만 하면 점수를 후하게 준다. 오전 두 시간, 오후 두 시간 나눠서 강의를 한다. 강의를 들으려는 학생이 많아 그렇게 나눴단다. 아울러 인성 교육도 중시한다. 사람 됨됨이가 부족하면 안 되기 때문이다. 나도 설렘과 함께 강의 시간을 기다린다. 청춘들을 만나기 위해.

인터넷 강의에 빠지다

요즘은 인터넷 강의에 푹 빠졌다. 어제까지 사흘째 강의를 했다. 물론 녹화된 분량을 하나하나 내보내는 것. 반응이 어떨지 제일 궁금했다. 내가 점수를 매긴다면 평균 이상은 될 것 같다. 늦깎이로 데뷔해서 걱정도 했다. 반응 없는 강의는 죽은 것과 마찬가지다. 독자 없는 책과 같다는 얘기다. 그래서 나는 수강생이나 독자들에게 공을 들인다. 최대한 댓글도 달아주고, 격려를 한다. 아울러 고마움도 전한다. 이번 인터넷 강의를 하면서도 똑같은 생각을 했다. "단 한 명 만이라도 내 강의의 진정성을 알아주면 좋겠다." 나는 그 수강생을 위해 끝까지 최선을 다하겠다고 다짐했다. 다행히 여러 학생들이 강의를 열심히 듣고, 과제도 잘 수행하는 것으로 알고 있다. 아주 바람직한 현상이다. 강의 기회를 준 스펙업 측도 고무된 듯하다. 무엇보다 젊은 학생들의 고충을 간접적으로나마 들을 수 있어 기쁘다. 매번 강의를 한 뒤 과제를 두 개씩 내 준다. 둘 다 주관식이다. 결론적으로 말하면 희망이 있다. 젊은이들의 사고방식이 진취적이고, 긍정적이다. 조금만 더 매진하면 모두 꿈을 이룰 수 있을 터. 내 강의가 거기에 기폭제 역할을 했으면 하는 바람이다. 이런 설레임이 다음 주 10회 차 강의를 마칠 때까지 계속될 것이다. 또 한 번 감사를 드린다. 나는 행복한 사람.

인강 첫날

인터넷 강의를 하는 첫 날이다. 오늘부터 2주간 무료로 강의를 한다. 물론 녹화된 분량을 내보낸다. 토,일요일을 빼고 10회다. 제목은 '오풍연 기자 스터디". 수강생들이 어떤 반응을 보일지 제일 궁금하다. 조금이라도 보탬이 되었으면 하는 것이 솔직한 바람이다. 그들의 귀중한 시간을 뺐는데, 도움이 안 되면 미안한 일. 시험의 큰 팁을 생각했다가 실망할지도 모르겠다. 그것보다는 살아가는 얘기를 더 많이 했기 때문이다. 기자 시험은 과목도 적고, 어디서 나올지 모른다. 따라서 공부를 다양하게 많이 할 수밖에 없다. 공부의 절대 양에 비례한다고 할까. 4회 차에 나만의 공부 비법을 소개하긴 했다. 그것 역시 도움이 될지는 미지수다. 사람마다 공부하는 방법이 다른 까닭이다. 나도 설렌다. 학생들도 기대가 클 터. 이번 강의를 듣는 학생 중에 기자/PD 후배가 탄생했으면 좋겠다. 후생가외 청출어람이라고 했거늘.

꼴찌에게 보내는 박수

어젠 가르치는 보람을 느낀 하루였다. 지난 주 목요일 경산역에서 학교로 들어갈 때 한 학생을 만나 차를 태워줬다. 그런데 달랑 휴대폰 하나만 들고 등교하고 있었다. 개강 후 3주째인데 아무도 얘기를 하지 않았던 것. 그래서 차근차근 타일렀다. 학생은 최소한 책가방과 노트, 필기도구를 가지고 다녀야 한다고 했다. 어제 그 학생을 또 만나 태워줬다. 이번엔 큰 백팩을 메고 있었다. 브랜드가 제법 있는 가방이었다. 아버지가 사 주셨다고 했다. 얼마나 기분이 좋았는지 모른다. 게다가 내 페이스북을 날마다 보고, 내가 진행하고 있는 '자신감' 스터디도 듣겠다고 했다. 『새벽을 여는 남자』도 곧 사서 보겠단다. 천지개벽이랄까. 그 학생은 고등학교 때 전교 꼴찌였다고 했다. 위로 누나 셋이 있고, 막내인데 공부와는 담을 쌓았다고 했다. 할머니와 엄마, 아빠가 아들이라며 오냐오냐하며 키웠던 것. 누나들 역시 "인간부터 되라"며 막내동생을 따돌렸다고 했다. 그런 학생이 내 강의를 듣고 180도 달라지기 시작했던 셈이다. 우선 녀석은 정직했다. 솔직한 것도 큰 장점이다. 그래서 수업시간에 그 학생을 일으켜세워 격려를 해 주었다. "꼴찌도 1등이 될 수 있습니다. **는 반드시 훌륭한 사람이 될 겁니다. 박수 한 번 쳐 주세요." 이것이 바로 교육의 효과다. 바뀔 줄 아는 사람은 끝도 좋은 법. 놈은 이제 더 이상 꼴찌가 아니다. 녀석의 성장 과정을 쭉 지켜보고 싶다. 교수로써, 인생 선배로서.

기자 스터디 1기를 마치고

어제 오풍연 기자 스터디 강의가 끝났다. 모두 10일 차. 홀가분하면서도 아쉽다. 수강생들과 정도 많이 들었는데. 난생 처음 시작한 인터넷 강의. 겁없이 뛰어들었다. 이즌잇의 인터넷 강사 55명 가운데 내가 최고령이란다. 50세 이상은 1명도 없으니 그럴 만도 하다. 내 나이 56세. 환갑이 다가오는 나이다. 도전 정신을 보여주기 위해 모험을 했던 것. 결과는 만족스럽다. 물론 최선을 다해 강의를 했다. 단 한 명의 수강생이 있으면 혼신을 다하겠노라고 다짐했던 터다. 먼저 끝까지 강의를 들어준 학생들께 감사를 드린다. 중학생부터 50대 가정주부까지 있었다. 몇몇 수강생은 나에게 강한 인상을 심어주었다. 강의를 다 듣고 후기까지 남겨 주었다. 세포하나, 기자가 되고 싶다, 오랑오랑, 희망코치 장기영, 꽃보다 성윤 님이 그들이다. 정감을 주는 영혼, 믿어 의심치 않는다 분께도 감사를 드린다. 이밖에 carpediem10, JINI, kail001, keneth, vndn, Caroline95, saebom777, 짤히, 빼스볼리포터 님도 한 번 이상 후기를 남기셨다. 특히 일백이님은 블로그에 10일 치 후기를 정성껏 올렸다. 한 분 한 분 찾아뵙고 인사를 드려야 마땅한데 페북을 통해 대신 고마움을 전한다. 명강의라고 평가해준 분도 있다. 과분한 칭찬이다. 이번에 맺은 인연, 영원히 간직하고 싶다. 기분 좋은 새벽이다. 인생은 아름답다.

젊음은 재산이다

오풍연 기자 스터디 1기생들과 작별의 시간이 다가왔다. 오늘이 10일 차, 마지막 날 강의다. 벌써가 2주가 지난 셈이다. 지난 달 23일 첫 강의를 시작할 때만 해도 이날이 언제 오려나 생각했었다. 세월이 빠름을 새삼 느낀다. 물론 10일 치 녹화는 2월 1일 마쳤다. 그래도 강의를 시작하면서 가슴이 두근거렸다. 학생들이 내 강의를 외면하면 어찌하나. 강의를 열심히 들어준 수강생들께 다시 한 번 감사드린다. 내가 기대했던 바도 어느 정도 달성한 듯하다. 몇몇 학생들은 정말 열심히 들었다. 출퇴근 일지, 과제, 후기를 꼬박꼬박 남겼다. 모두 쉬운 일이 아니어서 박수를 보낸다. 일일이 관심을 표명해주지 못해 미안할 따름이다. 내 마음 같아선 1기생들과 모임이라도 하나 만들고 싶다. 그 정도로 애정이 간다는 얘기다. 환갑에 가까운 나이에 시작한 인터넷 강사. 나에게도 기념비적인 일이다. 거듭 강조하지만 뜻이 있는 곳에 길이 있다. 절대로 포기하면 안 된다. 하면 된다는 자신감으로 똘똘 뭉쳐야 한다. 여러분들은 젊다. 젊음은 곧 재산이다. 또 다시 만날 날이 있을 게다. 모두의 건승을 기원한다.

安分知足

3월이다. 힘든 2월을 보냈다. 초에는 병원에서 2박 3일간 있다가 퇴원을 했다. 난생 처음 입원을 했던 것. 충격도 적지 않았다. 금주 선언도 했다. 말에는 이를 씌우는 치료를 받았다. 대형 공사를 두 개 한 셈. 액땜을 했다고 할까. 홀가분한 기분으로 3월 첫날을 출발한다. 학기도 시작됐다. 1학기 종강할 때까지 매주 목요일 대구에 강의하러 내려간다. 이번 학기를 포함, 6학기째 강의다. 스펙업의 무료 인터넷 강의 또한 차수를 바꿔 계속할 듯하다. 1인 3역을 해야 한다. 그러나 일을 할 수 있다는 것이 즐겁고 행복하다. 지금까지와 달라진 것은 없고, 인강만 추가됐다. 앞으로의 주안점 역시 건강이다. 다른 것은 거의 모두 버렸기에 특별히 바라는 게 없다. 현재의 상황이 만족스럽다. 내가 늘상 말하는 안분지족(安分知足)이다. 욕심 또한 금물이다. 마음을 청정수처럼 비워야 한다. 나만의 찬란한 3월을 만들 생각이다. 오풍연 식으로.

첫 강의

드디어 모레 새 학기 첫 강의를 한다. 올해 대경대에 들어온 신입생들이 대상이다. 오전 강의 97명, 오후 강의 70명이 들을 것 같다. 수강 신청 정정 기간이 있는 만큼 더 늘 수도, 줄 수도 있다. 고교 수업과는 완전히 다를 터. 특히 내 강의는 특정한 교재나 ppt 자료 없이 진행하니까 더 생소할지도 모른다. 강의 제목은 '쉬운 글쓰기'. 그렇다고 글 쓰는 방식만 가르치지 않는다. 편의상 그렇게 제목을 정했을 뿐이다. 학생들에게 글쓰기는 물론 삶의 지혜를 전달해 주려고 한다. 이번 학기 강의 키워드 역시 정직, 성실, 겸손, 부지런함이다. 내가 가장 강조하는 바다. 2~4년제 대학이어서 제자 가운데는 졸업생도 생겼다. 취업 문의를 해오는 학생들도 있다. 그때마다 성실하게 답변해 준다. 아무래도 학교가 지방에 있다 보니 정보를 접하기 어려운 측면도 있다. 내가 조금이라도 도움이 된다면 좋겠다. 다른 것은 몰라도 언론사 관련한 취업 상담은 해줄 수 있다. 대구에서 강의를 마치고 서울에 올라오면 저녁 7시쯤 될 것 같다. 그동안은 오전 강의만 해 일찍 올라왔다. 첫 강의가 기다려진다.

무료 강좌

어제 기자/PD 무료 강좌 수강 신청이 마감됐다. '이즌잇'에서 합격자도 발표했다. 수강 인원이 예상보다 많은 것 같지는 않다. 무료여서 그럴까. 하지만 나는 최선을 다해 강의를 했다. 오히려 유료가 아니어서 흔쾌히 강의 요청을 수락한 바 있다. 정말로 많은 젊은이들에게 도전정신을 불어 넣어주고 싶었다. 이번이 1회차 강의니까 또 다시 기회는 있을 터. 단체 카톡방에도 가입했다. 수강생들과 소통을 하기 위해서다. 온라인 강좌이다보니 연령대도 알 수 없다. 다만 52세, 39세, 중학생 수강생은 본인들이 신분을 밝혀 알 수 있었다. 나와 소통을 한 페친도 있다. 중학생은 예비 언론인이라고 할까. 내 강의가 어떤 반응을 보일지 모른다. 조금이라도 도움이 되었으면 하는 게 나의 바람이다. 거듭 말하지만 이번 강의의 키워드는 '도전정신'이다. 그래야 기자/PD시험에 합격할 수 있다. 학생들에게 모티브를 제공하려는 의도다. 연휴 첫날이다. 모두 즐거운 설을 맞이하시라.

최고령 인터넷 강사

인터넷 강의를 한다고 말씀드린 적이 있다. 설 명절을 쇠고 2월 23일부터 2주간 1회 차 강의를 한다. 제목은 '기자'. 쇠락하고 있지만 여전히 젊은이들에게 선망의 직업이다. 나 역시 만 29년째 기자 생활을 하고 있다. 솔직히 '선망의 직업'은 아니다. 그러나 나름 보람은 있다. 역사의 현장을 지켜볼 수 있기 때문이다. 내가 입사한 해는 1986년. 그 이후 일어난 역사적 현장에 나도 있었다. 검찰을 오래 출입한 터라 5공비리, 12.12사태 단죄 과정도 지켜봤다. 13대 총선부터 19대 총선까지, 노태우 전 대통령부터 박근혜 대통령까지 선출 과정도 가까이서 볼 수 있었다. 한국 현대사의 증인이랄까. 나의 이번 강의는 30년 가까이 기자 생활을 하면서 터득한 삶의 방식을 젊은 대학생들에게 전달해 주는 기회로 본다.

그들이 어떻게 받아들일지는 모른다. 세대 차이도 많이 난다. 환갑에 가까운 인터넷 강사. 학생들이 이 같은 나의 도전정신을 배웠으면 하는 바람이다. 도전은 인생의 재미를 더해준다.

인터넷 강의 촬영하던 날

인터넷 강의 촬영하는 날이다. 2월 첫날은 이렇게 시작한다. 스펙업 사무실은 서울 역삼동. 회사 안에 따로 스튜디오가 있단다. 동영상 20분짜리 10개를 촬영해야 한다. 순수 강의 시간만 200분. 이런 저런 준비도 해야하는 만큼 족히 4시간은 걸릴 듯하다. 오전 11시에 시작한다. 점심은 안 먹을 수 없을 터. 오후 4~5시쯤 끝날 듯싶다. 같은 옷만 입고 촬영하면 지루할 것 같아 옷도 한 벌 더 가져간다. 인터넷 강의는 내가 경험하지 못한 새로운 분야. 요즘 뜨고 있는 블루오션이다. 강사들이 대부분 젊다. 내 나이(56살)에 참여하는 사람은 아주 드물 것으로 본다. 은퇴할 나이에 시작하고 있으니 말이다. 하지만 젊은이 못지 않게 열심히 할 참이다. 기자/PD가 되는 길을 강의한다. 이른바 두 고시에 각각 합격한 바 있다. 1986년의 일이다. 당시에도 동시 합격은 거의 없었다. 운이 좋았다고 할 수 있었다. 내 강의는 2월 23일부터 무료로 들을 수 있다. 강의 신청을 하면 된다. 페친께서도 주위에 권유해 주면 고맙겠다.

외부 특강

올해 첫 외부 특강을 한다. 공무원들이 대상이다. 광주 곤지암 리조트에서 열려 하루 휴가를 냈다. 신문사 근무를 하고, 일주일 하루 대학 강의를 해야 하기 때문에 외부 특강은 의뢰가 들어와도 승낙하기 쉽지 않다. 그래서 평일 특강은 대부분 고사한다. 이번엔 조직의 최고 책임자로 있는 고교 선배가 요청을 해 응낙했다. 내가 하는 강의라고 해야 특별한 것이 없다. 그냥 사람 사는 얘기를 주로 한다. 그 첫 번째는 언행일치다. 그래서 경험담을 들려주고 실천을 강조한다. 이론상으론 못 할 것이 없다. 하지만 실천에 들어가면 고개를 갸우뚱한다. 강의의 허점이기도 하다. 책도 마찬가지다. 내 책의 경우 리얼 100%라고 할 수 있다. 있는 그대로를 서술하기 때문이다. 삶 자체를 하나의 문학으로 보는 나의 문학관을 반영한다. 독자들이, 강의를 듣는 사람들이 얼마나 진지하게 받아들이느냐는 것은 그다음의 문제다. 우선 나부터 진솔해야 한다. 내 책과 강의의 철칙이다. 오늘 날이

춥단다. 옷을 뜨뜻하게 입고 출근하시라.

나도 도전했다

오풍연 기자/PD 스터디 수강신청이 내일까지다. 예전에도 그랬지만 관심을 갖는 학생들이 많다. 그런데 다들 막연해한다. 누구나 그렇다. 워낙 경쟁률이 높다 보니까 지레 겁을 먹기도 한다. 그러나 분명한 것은 있다. 높은 경쟁률을 뚫고 입사하는 사람들이 있는 것. 내가 거기에 포함돼야 한다. 합격은 남이 하는 것이 아니라 내가 한다는 자신감을 가져야 한다는 얘기다. 이번 강의의 초점도 자신감과 도전정신이다. 시험에 한 두가지 팁은 그리 도움이 되지 않는다. 그보다는 꼭 해내야 겠다는 의지가 필요하다. 예순에 가까워지는 나도 계속 도전하고 있다. 스펙업의 인터넷 강의 요청을 수락한 것도 같은 맥락이다. 젊은 사람들의 영역이라고 생각하면 기회가 오지 않는다. 하지만 나는 도전했다. 강의를 통해 나의 도전의식을 배웠으면 한다. 그것이면 충분하다. 인생은 도전의 연속이기 때문이다.

인터넷 강의는 이런 식으로

지난번에 얘기한대로 제 강의는 지금까지와 다른 형태로 진행했으면 합니다. 그동안의 격식을 깨보자는 거죠. 제가 사는 방식이기도 합니다. 물론 큰 틀은 유지할 겁니다. 중요한 것은 제 강의를 들은 학생들이 무언가 소득을 얻어야 한다는 사실입니다. 큰 주제는 '도전'입니다. 그래서 타이틀도 '기자/PD직에 도전하라'로 해주었으면 합니다. 실제로 기자/PD되는 것이 어렵습니다. 그 어떤 시험보다 경쟁률도 높구요. 지원자도 수백~수천 명쯤 됩니다. 솔직히 기자/PD가 되는 팁은 없습니다. 공부를 많이 해야 가능합니다. 그보다는 도전정신, 자신감이 중요합니다. 저는 이런 점을 강조하고자 합니다. 시험에 관한 팁보다 인문학을 가미한 강의로 보면 될 듯합니다. 말하자면 동기부여를 하는 데 주안점이 두어질 겁니다. 학생들도 처음에는 어색할지 모릅니다. 그러나 무언가 깨우침이 있다면 소득이 더 크리라고 봅니다. 전에 말씀드린 대로 제 강의는 PPT 등 아무런 자료가 없습니다. 그냥 제가 경험한 바, 실천 위주로 강의를 할 계획입니다. 준비물은 칠판만 하나 있으면 되겠습니다. 교재가 없는 대신 칠판에 키워드만 적어 놓고 강의를 합니다. 이런 내용으로 소개 자료를 만들어 주었으면 합니다. 또 하나 바람이 있다면 제가 쓴 책을 읽고 강의를 들었으면 합니다. 교재 대신입니다. 그럼 훨씬 더 강의가 효과적일 겁니다.

강의, 최선을 다하려다

내 강의를 듣는 학생 수가 당초보다 22명 늘었다. 수강 신청 정정기간에 바꾼 것. 그 결과 61명에서 83명으로 불어났다. 여러 학과 학생들이 새로 들어왔다. 1학년 때 내 강의를 들은 학생도 두 명이나 됐다. 둘 다 연예매니지먼트과 여학생. 오늘 역시 여러 얘기를 했다. 사람 사는 얘기다. 학생들의 강의 몰입도가 높은 편이다. 조는 학생들은 거의 찾아볼 수 없다. 사실 나도 강의를 들으면 졸을 때가 많다. 수강생은 항상 그렇다. 호텔제과제빵과 한 여학생을 칭찬했다. 나에게 카톡으로 장문(?)의 메시지를 보내준 친구다. 처음에는 남자 이름이라서 남자인 줄 알았다. 첫 강의와 카톡 편지를 보고 내 강의의 핵심을 알아차렸다. 그런 학생이 계속 나왔으면 좋겠다. 교재도 따로 없고 시험도 보지 않는다. 강의를 마치고 구내 42번가 식당에서 이선영 교수와 점심을 했다. 그리고 경산역으로 가 동대구역에서 KTX로 갈아타고 올라왔다. 강의가 있는 목요일 스케줄이다. 앞으로 10번 이상 더 왕복해야 한다. 매번 소풍가는 기분으로 내려간다. 차창 밖으로 바뀌는 계절도 만끽한다. 이제는 단풍이 들 터. 세상은 아름답다.

한 학생의 다짐

교수님 저는 호제과(호텔제과제빵)의 어느 학생 중 한 명입니다. 다름이 아니라 단체 카톡으로 제 의견을 말하는 것이 부끄럽기도 하고 아직 많이 어색하여 개인톡으로 말씀드릴려고 하는데 괜찮으시다면 여기서 말씀드려도 될까요? 저는 제가 지금 살아오면서 이런 선생님 또는 교수님을 만나 뵙지 못했습니다. 항상 성적과 딱딱한 수업만을 가르치는 분들만 계셨습니다. 그런데 저는 처음 교수님께서 이런저런 이야기를 하는 것을 들었을 때 그저 이상적이고 현실적이지 못하다는 생각도 했었습니다. 하지만 카톡으로 항상 이야기 하시고 저희와 진심으로 가까워지려고 하시는 모습과 카톡으로 이야기 하는 모습이 저에겐 굉장히 특별하게 다가왔습니다. 저는 이 수업이 비록 시험도 레포트도 없는 수업이지만 이 수업만큼은 제가 제 평생을 살아도 다시 똑같이 다가오는 일이 없을 것 같이 느껴졌습니다. 제가 비록 부족하고 흐지부지한 모습을 보일 수도 있으나 그래도 힘내고 노력해서 수업에 임하겠습니다! 대경대 한 학생에게서 받은 카톡 메시지 입니다. 제가 바라는 것이 바로 이런 산 교육입니다. 학생들과 2주 가까이 카톡을 하고 있습니다. 매일 새벽 그들에게 아침 편지를 띄워 줍니다. 물론 살아가는 얘기죠. 그들이 가슴으로 느꼈으면 하는 바람입니다. 이런 젊은이도 있기에 대한민국의 미래는 어둡지 않습니다. 흐뭇한 오후입니다.

교수와 학생

어제 대전 가는 도중 두 명의 여학생에게서 똑같은 메시지를 받았다. 수강 신청을 정정해 내 강의를 듣겠다는 것이다. 그 학생들이 고맙지 않을 수 없다. 학생이 없으면 교수도 필요 없고 폐강을 한다. 이번 학기는 세계호텔제과제빵과 학생들의 교양과목이어서 혹시 한 것 같다. 교양과목은 학과, 학년 제한이 없다. 누구나 들을 수 있는 것이 교양과목이다. 둘은 3학년 연예매니지먼트공연이벤트과 김미지 학생, 2학년 홍아진 학생이다. 둘 다 1학년 때 내 강의를 들었던 학생들이다. 홍아진 학생은 얼굴도 기억이 난다. 한 번도 빠지지 않았던 학생이다. 둘에게 바로 답장을 했다. 11일 휴강을 하니까 18일 얼굴을 보자고 했다. 나를 잊지 않고 기억해준 그들이 있기에 힘이 솟는다. 첫 수업부터 예감이 좋다는 글을 올린 적이 있다. 그대로 진행되는 것 같다. 교수와 학생. 이제는 교수가 학생들을 찾아가야 한다. 시대가 그렇게 바뀌었다. 그들과 카톡방을 만든 것도 같은 맥락이다. 대경대 학생들은 최고라고 생각한다. 그렇다면 나도 최고가 되어야 한다.

인문학 초빙교수

"늦었지만 축하하네. 인문학은 수학과 함께 모든 학문의 근간이라 생각한다네. 인문사회과학도가 수학도 알아야 되듯이 기술학도들도 인문사회과학의 기본은 알아야 된다 생각하네. 자네의 풍부한 현장 경험을 학생들에게 많이 알려주는 좋은 시간이 되리라 믿네." 고등학교 한 동기가 밴드에 남긴 댓글이다. 또 다른 동기도 거의 같은 주문을 한다. "인문학에서도 희망을 심어주는 시간이 되길 바래! 특히 군대 가기 전의 젊은 청년들이 즉 새싹들이!" 내가 아세아항공전문학교 인문학 초빙교수로 위촉됐다고 했더니 이처럼 격려해 준다. 고맙지 않을 수 없다. 진심으로 축하를 건네줬기 때문이다. 내일은 대경대 부설 대안학교인 소나무학교 학생들을 만난다. 학부모들이 더 관심을 보여준다. "교수님 글을 늘 편한 맘으로 대합니다~~ 우리 소나무애들도 만나서 인문학 강의 부탁드립니다~~^^" 한 어머니가 소나무학교 밴드에 남긴 댓글이다. 오히려 기회를 얻은 내가 더 고맙다. 인문학 강의라고 할 것까진 없다. 그냥 내가 살아온 얘기를 하면서 그들과 친해지려고 한다. 조금이라도 도움이 되면 더 좋고. 내일까지도 설렘의 연속이 될 터. 아름다운 세상이다.

오풍연식 강의

어제 밤 약속한 대로 새벽에 페친들을 만난다. 오늘은 평소보다 1시간 이상 늦은 3시 20분 일어났다. 술을 마시면 그만큼 늦게 기상한다. 그래도 기분은 좋다. 술을 마시는 이유이기도 하다. 기쁜 일도 있었다. 새로운 직함이 생겼기 때문이다. 아세아항공전문학교 인문학 초빙교수. 기술을 전공하는 학생들에게 인문학을 전수할 수 있을까. 명함을 건네받고 바로 페이스북에 올렸다. 많은 분들이 축하와 함께 격려를 해주었다. 감사할 따름이다. 이기권 노동부 장관님께서도 축하의 댓글을 남겼다. "축하드립니다. 오 교수님!" 이 학교는 노동부 인가 직업 전문학교다. 그래서 더 고마웠다. 내가 학생들보다 나은 것도 별로 없다. 나이를 더 먹고, 경험이 조금 많다고 할까. 강의를 할때 교재도 없다. 지금까지 늘 그래왔다. 그냥 한 시간이고, 두 시간이고 강의한다. 성의가 없는 것 아니냐는 얘기를 들을 수도 있다. 하지만 이 같은 강의 방식을 고수한다. 1시간쯤 있다가 한강에 나갈 생각이다. 오늘도 이처럼 하루를 시작한다. 모두 굿모닝.

두 대학의 만남

아세아와 대경의 만남. 내가 인문학 초빙교수, 초빙교수로 있는 학교와 대학이 각각 만났다. 아세아항공전문학교 전영숙 이사장님이 유진선 대경대 명예총장 일행을 초대한 것. 둘의 만남은 자연스러웠다. 분야에서 각각 1위를 다투는 전문대학, 전문학교다웠다. 아세아전문학교는 기술 분야에서, 대경대학은 나머지

분야에서 으뜸이다. 둘 다 프로답게 서로를 만족시켰다. 지켜보는 나도 덩달아 기분이 좋았다. 서울 강변북로와 여의도가 한눈에 보이는 근사한 식당에서 저녁을 했다. 솔직히 이런 전경도 드물다. 음식 맛도 빠지지 않는다. 전 이사장님이 고마울 수밖에 없다. 유 총장도 그대로 있지 않았다. 즉석에서 전 이사장님을 대구로 초대했다. 둘이 만나면 도움이 될 터. 유 총장 일행이 대구로 가고 우리는 한잔 더했다. 2차는 내가 제안했다. 유 총장 일행을 정성스레 맞이해준 학교 측 관계자가 고마웠다. "최고의 직업 전문학교가 될 겁니다." 미약하지만 나도 힘을 보태려고 한다. 이번 주말도 이렇게 맞이한다. 즐거운 일만 가득하시라.

교수 티도 제법 난다는데

초빙교수로 강단에 선 지도 2년 반 가까이 된다. 5학기째다. 이제 교수 티 좀 낸다고 할까. 처음엔 한 학기 정도 하려니 생각했다. 그런데 신문사와 대학에서 각각 배려해 줘 여기까지 왔다. 서울과 대구를 수십 번 오고 갔다. 1년 KTX 이용 요금만 300만 원쯤 나온다. 무엇보다 강의 내용이 충실한지 나 스스로에게 묻곤 한다. 교재도, ppt 자료도 따로 없다. 그냥 두 시간 동안 이런 저런 얘기를 한다. 나의 교수법이기도 하다. 전공과목이라면 어림없는 일이다. 교양과목, 그것도 인문학이다보니 가능한지도 모른다. 요즘은 한 시간 강의, 한 시간 질문을 받는다. 질문은 분야를 가리지 않는다. 내가 아는 범주 안에서 얘기를 한다. 나라고 모든 것을 다 알 수는 없다. 다만 경험 위주로 강의를 한다. 실천을 중시하기 때문에 그렇다. 오늘도 대구 내려가는 날. 힘차게 하루를 시작한다.

아세아항공전문학교 특강

어제는 대경대, 오늘은 아세아항공전문학교. 두 대학의 학생들을 만났거나, 만나기로 한 날이다. 대경대는 초빙교수로 5학기째 강의를 하고 있다. 아세아항공전문학교는 인문학 초빙교수로 오늘 처음 강단에 선다. 내 원래 직업은 기자. 교수는 새로 얻은 직업이다. 학생들을 가르치는 것이 정말 신난다. 무엇보다 나부터 젊어지는 느낌이다. 돈으로 환산할 수 없는 가치다. 대학 캠퍼스에서 사계절을 느낄 수 있다. 봄 여름 가을 겨울. 대구는 소풍가는 기분으로 내려간다. 아세아항공전문학교는 도심 한복판에 있다. 두 대학에서 각각 다른 정취를 맛본다. 오늘 강의제목은 '어떻게 살 것인가'. 70분 가량 강의를 하려고 한다. 하루 종일 강의를 하라고 해도 풀어놓을 보따리는 있다. 이를 압축해서 학생들에게 전달해야 한다. 오늘 역시 강의원고나 ppt는 없다. 그냥 살아가는 얘기를 들려줄 참이다. 몇 명이 들을지는 모르겠지만 한 명이라도 가슴으로 느꼈으면 한다. 매번 강의 때마다 학생들에게 하는 말이다. "머리로 듣지 말고, 가슴으로 느껴라." 설레는 새벽이다.

원정 특강

하루를 일찍 시작한다. 오늘은 대구 강의하러 내려가는 날. 하지만 내 강의 대신 페친인 CJ그룹 이승호 상무님의 특강을 듣기로 했다. 그래서 이 상무님과 함께 내려간다. 이 상무님은 집이 일산 쪽이라 그곳 행신역에서 KTX를 타고, 나는 서울역에서 탄다. 물론 같은 시각 좌석을 끊었다. 이 상무님은 나보다 네 살 아래. 정말 열정적으로 사는 친구다. 자기가 맡은 일에 확신이 차 있다. CJ 그룹에서 인사 업무만 20년 이상 해 왔다. 학생들에게도 큰 도움이 되지 않겠는가. 기꺼이 하루 시간을 내주셨다. 대구가 가까운 것 같아도 왕복하려면 하루를 모두 잡아먹는다. 대기업 임원이 한가할 수 없다. 그래서 더더욱 고맙다. 그것도 재능기부를 해주기로 하셨다. 그와 왕복하면서 더욱 많은 얘기도 나눌 수 있을 것 같다. 의미 있는 하루가 될 게 틀림없다. 이 또한 행복이요, 기쁨이다.

대학생은 성인이다

오늘 오후는 한가하다. 사설이나 칼럼도 쓰지 않는다. 정치나 사회 쪽에 특별한 이슈가 없기 때문이다. 이런 날은 드문 편. 지난 주까지 1기 기자 스터디 강의도 끝났다. 이번 주 목요일(12일)부터 2기 수강생을 모집한단다. 처음에 수강 신청을 해도 끝까지 다 듣는 학생이 많지 않은 것 같다. 조회 수가 점점 줄어드는 것을 보더라도 그렇다. 물론 열심히 듣는 학생도 있었다. 모두가 완주하리라곤 생각지 않았다. 게다가 무료 강좌여서 그런지도 모른다. 강의를 듣지 않아도 누가 뭐라고 할 사람이 없다. 듣고 안 듣고는 본인의 자유 의사에 달렸다. 대경대 학생들에게도 출석을 강요하지 않는다. 사실 듣기 싫은 강의는 안 듣느니만 못하다. 대학생도 성인이다. 스스로 판단할 줄 아는 나이다. 능동형 인간이 되어야 한다. 그리고 더 치열하게 살 필요가 있다. 내가 그들에게 들려주는 얘기의 핵심이다.

대경대 파이팅

"총장님 입시 마감 결과 보고 드립니다. 정원내 1,783명 등록 100%, 정원 내외 1,915명 등록 107.4% 입니다. 상세한 내용은 추후 보고 드리겠습니다." 아침에 기분 좋은 소식을 전해 들었다. 내가 초빙교수로 있는 대경대의 올해 신입생 등록률이다. 정원외까지 합쳐 107.4%라고 한다. 지방대의 경우 정원을 채우지 못하는 대학이 수두룩한 마당에 희소식이 아니라고 할 수 없다. 그만큼 경쟁력이 있다는 얘기다. 이는 유진선 명예총장의 리더십에 힘입은 바 크다. 대경대는 경북 경산에 있는 2~4년제 대학이다. 경산에만 14개의 대학이 있다. 아마 이 지역의 대학 중 종합대학을 제외하고 정원을 채운 대학은 대경대가 유일할 것이다. 대경대는 전 학과가 특화돼 있다. 철저히 직업 위주로 교육을 한다. 나도 3월 5일부터 새학기 강의 차 대구에 내려간다. 학생들을 만난다는 기대감에 벌써부터 설렌다. 대경대 파이팅!

삶을 기름지게 하려면 실천하라

어제 종강을 했다. 5학기째 대경대 강단에 섰다. 그토록 배려해준 유진선 설립자와 학교 측이 고맙다. 2012년 9월부터 강의를 하기 시작했다. 그해 2월 서울신문 사장에 도전했다가 실패한 뒤 7개월째 백수 생활을 하던 중 얻은 첫 기회였다. 그리고 그 다음 달인 2012년 10월부터 파이낸셜뉴스 논설위원을 겸직하고 있다. 투잡을 갖고 있는 셈이다. 나에겐 둘 다 소중하다. 이 기간 동안 3권의 에세이집을 더 냈다. 『천천히 걷는 자의 행복』『그곳에는 조금 다르게 행복한 사람들이 있다』에 이어 이번 8번째 에세이집 『새벽을 여는 남자』를 펴내게 된 것이다. 행운이 아닐 수 없다. 밥을 먹고 살 수 있었기에 가능했다. 다시 한 번 두 직장에 감사드린다. 대학교수도 어엿한 타이틀이 됐다. 요즘은 '교수님'이라는 소리를 많이 듣는다. 싫지 않다. 28년 동안 기자생활을 했으니 염증도 날 만하다. "나는 학생들에게 어떤 선생님 이었을까." 괜찮은 교수님이 되고 싶었는데 어땠는지는 솔직히 모르겠다. 하지만 나름대로 최선을 다했다. 학생들에게 당부하는 것으로 마무리했다. 우선 강의를 들어줘 고맙다는 말을 먼저 건넸다. 나에게 배울 점이 있다면 꼭 한 가지만이라도 따라할 것을 주문했다. 일찍 일어나는 것부터 실천할 것을 강조했다. 나처럼 매일 두 시에 일어나라는 얘기가 아니다. 지금 일어나는 시간에서 30분~1시간쯤 당겨보라고 했다. 실천 없는 삶은 무의미하다.

소나무학교

경상북도 경산에서 작은 교육혁명이 일어나고 있다. 소나무학교가 그곳이다. 대경대 부설 대안학교. 이 대학 설립자이자 명예총장인 유진선 박사의 아이디어로 만들어졌다. 이번 학기부터 학생들을 받았다. 전원 기숙사 생활을 한다. 교육방식이 독특하다. 고교+대학과정 혼합형이다. 대학생인 언니 오빠, 형 누나들과 수업도 함께 듣는다. 자기가 하고 싶은 공부를 미리 하는 것이다. 말하자면 전공의 조기교육이다. 그러니 학생들의 열의가 높을 수밖에 없다. 얼마나 신나겠는가. 장차 요리사가 꿈인 학생은 조리 실습을 하는 형식이다. 대경대의 교육 시스템은 전국에서도 알아준다. 직업 전문대학으로선 첫 손에 꼽힌다. 현재 학생은 20명이 채 안 된다. 하지만 그 열기는 대단하다. 학생은 물론 교사, 학부모가 혼연일체가 되어 있다. 소나무학교 밴드도 무럭무럭 자라고 있다. 특히 학부모들의 참여가 활발하다. 나도 매일 아침 글로써 그들과 소통을 한다. 소나무학교에 작은 기여라도 하고 싶다. 대구에 강의하러 내려가는 날이다. 소나무학교 학생들도 본다. 새벽 공기가 더욱 신선하다.

Chapter 5

가족주의자 오풍연

가정은 나의 대지이다. 나는 거기서 나의 정신적인 영양을 섭취하고 있다. • 펄벅

오풍연,
가족에게서
힘을 얻다

나에게 가장 소중한 사람은 누구일까.
두말할 나위 없이 아내일 터.
나이들수록 더 그렇다.
남자도, 여자도 배우자가 최고다.

아들 걱정

아들 녀석이 병원에 입원했다가 오늘 퇴원할 예정이다. 젊은 놈이, 그것도 과로 때문에 입원했다. 병원에 이틀 있었다. 나로선 이해가 안 간다. 무엇보다 몸이 약하기 때문이다. 며칠 밤을 꼬박 새도 거뜬해야 할 나이다. 물론 녀석의 직장이 힘들기는 하다. 24시간 영업하는 커피점이기 때문이다. 야근도 자주 한다. 야근의 경우, 밤 11시부터 이튿날 8시까지 근무다. 그런데 12시간 이상 근무를 예사로 한다. 야근을 하더라도 정오를 넘겨 집에 오기 일쑤다. 그리고 또 야근을 나가기도 한다. 보통 근무 시각 두 시간 전에 집을 나선다. 잠이 부족할 수밖에 없다. 더러 집에 들어오지 못하고 인근 모텔에서 자기도 한다. 그것이 누적되다보니 입원하기까지 이르렀다. 한때 80kg 가까이 나가던 체중이 50kg 초반으로 줄었다. 너무 비쩍 말랐다. 그러니 힘도 없고, 지칠 수밖에 없을 터. 이를 보는 우리 부부의 심정은 안타깝기 짝이 없다.

근무 외적인 요인도 있는 듯하다. 직장 안에서 벌어지는 이른바 '갑질' 문화다. 직장은 삶의 터전이다. 크든, 작든 따뜻함이 있어야 한다. 그래야 직장에 나가고 싶은 마음도 생긴다. 우리 사회에서 '갑질' 문화는 사라져야 한다. 내가 혹시 '갑질'을 하고 있는지 살펴보면 답이 나온다. 녀석은 혼자 병원에서 잔다. 조금은 가슴 아픈 새벽이다.

아내

나에게 가장 소중한 사람은 누구일까. 두말할 나위 없이 아내일 터. 나이들수록 더 그렇다. 남자도, 여자도 배우자가 최고다. 어제 대구한의대 학장으로 있는 친구와 점심을 했다. 그 친구의 아내가 얼마 전 뇌수술을 했단다. 우연히 머리 MRI를 했다가 뇌동맥류 이상을 발견했다는 것. 그래서 수술을 받았다고 했다. 그 친구의 부인은 수술 받기 전까지 얼마나 불안했겠는가. 체중도 무려 5kg이나 빠졌다고 했다. 그 불안감은 상상이 가고도 남는다. 다행히 수술이 잘 돼 퇴원했단다. 그 뒤로 주말마다 부인과 함께 가까운 곳을 드라이브한다고 했다. 아주 잘하는 일이다. 지금 우리 나이(56세)에 아내가 없다고 생각해 보라. 정말 끔찍한 일이어서 생각하기도 싫다. 아내들도 마찬가지. 남편이 있는 게 훨씬 나을 것이다. 부부가 함께 백년해로해야 하는 이유다. 나의 아내도 건강이 썩 좋은 편은 아니다. 어지럼증 때문에 몇 년째 고생하고 있다. 안쓰러울 때도 많다. 대신 아파줄 수 없기에 더 가슴이 아프다. 다만 큰 병이 아니어서 안도하고 있다. 결론은 딱 한 가지. 부부가 모두 건강해야 한다. 그러려면 정기검진과 함께 운동도 생활화할 필요가 있다. 장수의 비결임은 물론이다. 서로의 건강도 챙겨주자.

아들 파이팅!

아들 녀석의 꿈은 대한민국 커피 왕. 1년 365일 24시간 문을 여는 커피숍에서 일한다. 물론 정식 직원이다. 점포에서의 직함은 부점장. 근무 시간이 일정하지 않아 얼굴을 못 볼 때가 많다. 늦게 들어와 자면 얼굴을 보지 못하고 내가 먼저 출근한다. 그제부터 사흘째 철야 근무다. 밤 11시부터 이튿날 8시까지 근무다. 말이 9시간 근무지 한 시간 먼저 출근하고, 한두 시간 늦게 퇴근

하기 일쑤다. 그제는 집에 들어오지 않고 커피숍 인근에서 자고 다시 근무했단다. 안쓰럽기 짝이 없다. 장모님과 아내는 녀석의 건강을 걱정한다. 본인이 좋아서 하는 일이라 싫다는 소리를 들어보지 못했다. 그래서 대견스럽기도 하다. 놈은 28살. 경험을 더 쌓고 3~4년 뒤 자기 가게를 차렸으면 한다. 뭐든지 알고 도전하면 그만큼 실패할 확률이 줄어든다. 그때까지 잘 참고 견뎠으면 좋겠다. 오늘 저녁은 녀석의 얼굴을 볼 것 같다. 집에서 밤 9시쯤 나간다. 인재 파이팅!

집이 좋다

이틀간 병원 신세를 지고 퇴원해 집으로 왔다. 설마가 사람 잡는다고. 내가 입원할 줄은 꿈에도 몰랐다. 걷는 운동도 열심히 하고, 과식도 않고, 체중도 많이 안 나가고. 아플 이유가 없었다. 그런데 갑자기 다리가 아파 병원에 들렀다가 입원까지 했던 것. 급성 통풍성 관절염 치료를 받았다. 곰곰히 생각해 보니 술을 오랫동안 마신 게 원인인 듯싶다. 지금은 절주를 하고 있지만, 예전엔 정말 많이 마셨다. 폭탄주도 10여 잔, 소주 두 세 병은 기본. 이렇게 30년 가까이 마셨다. 그래도 간을 상하지 않은 게 다행이다. 운동도 무리하게 하지 말고, 술도 삼가란다. 그렇게 할 생각이다. 내가 건강보험공단의 필진으로도 참여하고 있다. 한

달에 두세 번 건강 칼럼을 쓴다. 조금 쑥스럽다. 건강을 그렇게 강조해온 내가 입원까지 했으니 말이다. 글을 쓸 자격이 있는 지도 모르겠다. 이틀 동안 병원 침대에 누워 많은 생각을 했다. 건강의 중요성도 거듭 깨우쳤다. 페친들도 명심하시라. 건강은 건강할 때 챙기자.

내 손을 잡아준 여인

가을은 남자의 계절이라고 한다. 나 역시 가을을 탄다. 약간 으스스한 날씨도 좋다. 더위는 싫다. 추울 땐 옷을 더 껴 입으면 된다. 누군가 생각나는 계절이다. 나를 끔찍히 사랑했던 여자들이 있을까. 곰곰이 되돌아보아도 없는 것 같다. 그렇다면 인생을 싱겁게 살았다는 얘기. 멋진 연예를 못 해봤다는 것에 다름 아니다. 카투사에서 제대한 뒤 3학년 복학했다가 지금의 아내를 만났다. 문과대 벤치에 앉아 있던 여인이 바로 인재 엄마다. 그녀에게라도 고마워해야 할 것 같다. 내 손을 잡아준 여인이기 때문이다. 호강시켜 주겠다며 데려온 아내. 솔직히 그 약속은 지키지 못했다. 바쁘다는 핑계가 제일 많았을 터. 그래서 요즘은 아내가 하자는대로 하는 편이다. 철저히 담을 쌓았던 영화관에도 몇 번 따라갔다. 예전의 나로선 상상할 수 없는 일. 사람도 이렇게 변한다. 인생은 변화의 연속이다.

공개구혼이라도 해볼까

아들 녀석은 올해 27살. 언제쯤 장가를 갈까. 솔직히 손주를 빨리 보고 싶다. 아내도 그러는 것 같다. 어젠 파주 롯데아울렛에 가서 대전 조카딸 남매 옷을 사왔단다. 네 살, 세 살짜리 손주가 너무 예쁘다. 나 역시 애들을 좋아한다. 그래서 그런지 두 놈 다 나에게는 잘 온다. 특히 손주 녀석은 아들 놈 어릴 때와 너무 비슷하다. 하는 짓도 그렇고, 얼굴 생김도 그렇다. 녀석은 31살쯤 장가가겠다고 한다. 앞으로 4년은 더 기다려야 할 터. 일찍 결혼하지 않는 게 요즘 추세이긴 하다. 나는 28살에 결혼했다. 혹시 모른다. 좋은 짝이 나타나면 그 전에 결혼할 수도 있지 않겠는가. 그런데 놈은 아직 여자 친구를 한 번도 사귄 적이 없다. 그래서 내가 '천연기념물'이라고 놀려댄다. 며느리가 들어오면 정말 예뻐할 텐데. 공개구혼이라도 해야 하나.

멋진 시아버지

이번 토요일 고등학교 친구가 사위를 본다. 딸래미를 시집 보내는 것. 솔직히 부럽다. 손주를 본 친구들도 제법 있다. 우리 나이가 벌써 그렇게 됐다. 이젠 60을 향해 가고 있다. 고등학교 동기들은 56~57살. 나는 아들만 하나 있다. 28살. 옛날 같으면 장가

갈 나이. 하긴 나도 28살에 장가를 갔다. 그러나 놈도, 우리 부부도 아직은 결혼을 생각하지 않고 있다. 2~3년 뒤쯤 보낼까 한다. 물론 장가는 놈이 가는 것이다. 여자 친구가 없다. 지금은 사귀려 해도 시간이 없는 것 같다. 녀석이 3교대로 근무를 하다 보니까 여의치 않은 듯하다. 그래도 짝이 있을 터. 멋진 시아버지가 될 자신은 있다. 아내 또한 멋진 시어머니가 될 것으로 본다. 어느 녀석이 며느리로 들어올지 벌써부터 기대된다.

큰 조카의 결혼

이번 주 토요일엔 대전에 간다. 조카 결혼식에 참석하기 위해서다. 형님의 큰 아들로 우리 집안의 장자다. 올해 31살. 제약회사에 다니고 있다. 형님은 조카를 여의는 것으로 자식 농사를 마무리한다. 맏이인 조카딸은 이미 출가해 남매를 낳았다. 우리 3형제는 아들이 1명씩 있다. 형과 동생은 남매, 나는 아들만 하나. 2세는 다 모여야 다섯 명이다. 앞으로 형제처럼 지내야 할 터. 아들 녀석이나 조카들 모두 착하다. 심성이 고와 사고도 칠 리 없다. 아내는 대전에 오랫만에 내려간다. 그동안 어지럼증이 심해 못 내려갔다. 3년여 만에 처음 가는 게 아닌가 싶다. 녀석도 근무를 바꿔 함께 간다. 승용차를 가지고 가잔다. 즐거운 나들이가 될 것 같다.

나의 바람

이번 주엔 또 무슨 일이 생길까. 매주 월요일 새벽마다 느끼는 감정이다. 항상 무언가 기대를 한다. 막연한 기대감이다. 따라서 실체도 없이 꿈을 꾼다고 할까. 하지만 그 자체 만으로도 행복하다. 꿈을 꿀 수 있다는 것. 꿈이 없는 삶은 무의미하다. 그러나 그 꿈은 소박해야 한다. 이루어질 수 없는 꿈은 꿈이 아니다. 내 꿈 역시 단순하다. 무엇보다 가족의 건강을 꿈꾼다. 집안에 아픈 사람이 없어야 한다. 환자가 있으면 삶이 무너진다. 그래서 건강은 서로 챙겨주어야 한다. 식구 간에도 배려가 필요하다. 우리 집도 나를 제외하곤 건강이 썩 좋은 편은 아니다. 장모님은 두 개의 지팡이에 의존해 생활하신다. 다리가 불편하기 때문이다. 더 아프지 않은 게 다행이라고 할까. 아내 역시 오랜 어지럼증으로 고생하고 있다. 다행이 큰 병은 아니어서 안도하고 있다. 아들 녀석도 튼튼하지 못하다. 일종의 직업병 같기도 하다. 나는 건강 체질. 가족의 건강을 위해 더 신경 쓸 참이다.

부부동반 저녁

어제 저녁은 사당동 매드포갈릭에서 해결했다. 이태리 식당. 금요일 밤이라 그런지 손님들로 꽉 찼다. 나올 때 보니까 기다리는 손님도 많이 눈에 띄었다. 중앙대 교수로 있는 고교 친구와 부부동반. 아내들은 둘 다 전업주부다. 둘은 83학번 동갑내기다. 그래서 만나면 더 화기애애하는 지도 모르겠다. 음식도 맛있거니와 얘기 꽃을 더 피운다. 와인도 한 잔씩 했다. 이처럼 남자끼리 만나는 것보다 아내들도 끼면 분위기가 훨씬 좋다. 5시50분에 만나 7시 50분까지 두 시간 동안 담소했다. 그 친구는 지하철을 이용했고, 나는 차를 가지고 갔다. 집으로 돌아오는 발걸음도 가벼웠다. 물론 다음에 또 만나기로 했다. 숙명여대 앞에 가볼까 한다. 떡볶이에 튀김, 순대 등을 먹고 싶다. 그런 음식은 학교 앞이 제격. 비싼 음식이 아니어도 좋다. 벗과 함께라면.

딸도 있으면 얼마나 좋을까

격주로 쉬는 금요일은 기분이 좋다. 남들 일할 때 놀기 때문이다. 도둑놈 심보? 아주 긴요하게 쓸 수 있다. 평일이다보니 이런 저런 일도 볼 수 있다. 사람도 편하게 만날 수 있다. 쉬는 금요일엔 보통 점심 약속을 한다. 내가 찾아가는 경우가 많다. 오늘 낮에도 인천엘 간다. 아침엔 한강 산보. 옷을 단단히 입고 걸으면 추위도 이길 수 있다. 내일은 지인 따님의 결혼식 참석. 우리도 이제 며느리, 사위를 보는 나이가 됐다. 나도 몇 년 안에 며느리를 보게 될 터. 아들 녀석만 하나라서 사위는 볼 수 없다. 딸을 하나 낳지 않은 게 조금 아쉽다. 자식은 둘이 제일 좋은데. 솔직히 손주도 빨리 보고 싶다. 어떤 며느리가 들어올까. 며느리 사랑은 시아버지. 좋은 시아버지가 될 것을 약속한다.

어머니가 그립다

겨울 밤이 정말 길다. 9시쯤 잠자리에 들어 푹 잤다 싶었는데 11시다. 두 시간 자고 일어난 셈이다. 옛날 시골에선 야참을 먹었다. 홍시나 고구마가 적격. 전기가 들어오지 않던 시절. 후래쉬를 비추고 광에 가서 홍시를 가져오곤 했다. 그 맛은 지금도 잊을 수가 없다. 형제가 많아서 1개 이상은 먹을 수가 없었다. 우린 5남매. 고구마도 마찬가지. 음식이라면 모든 것을 내 주었던 어머니. 돌아가신 지 만 6년 된다. 오는 7일이 어머니 제사다. 대전에 제사 지내러 내려간다. 2008년 12월 14일(음력 11월 17일) 돌아가셨다. 아버지는 그보다 훨씬 전인 1974년 작고하셨다. 어머니는 돌아가시기 직전에도 문상올 손님들을 먼저 생각하셨다. 손님들에게 동태찌개를 해서 잘 대접하라고 당부하셨다. 실제로 묘지까지 200여 명이 오셔서 점심 식사를 하고 가셨다. 우리 형제는 어머니 유언을 지켜드렸다. 누구보다 자상하셨던 어머니. "둘째(나)는 큰 사람이 되어야 한다" 어머니 유언인데, 잘 살고 있는지 모르겠다. 어머니가 보고 싶다.

27번째 결혼기념일

선물. 어제 27번째 결혼기념일 이었다. 레스토랑에서 뜻밖의 횡재를 했다. 축하 케익과 샴페인을 선물받았다. 아내, 아들 등 우리 세 식구가 함께 했다. 레스토랑 지배인님이 마련해 주신 것. 그런데 집으로 돌아와 지배인님께 인사도 못 드리고 잤다. 깜빡했던 것이다. 새벽 1시에 일어나보니 지배인님이 먼저 카톡을 보내셨다. "위원님 결혼기념일 축하드려요. 사모님과 식사 맛있게 하셨는지요. 매번 오실 때마다 쉬어서 죄송스럽네요. 쌀쌀한 날씨 건강 조심하시구요. 사모님께도 안부 전해주세요." 내가 할 말을 먼저 해버렸다. 지배인님은 어제 비번이었다. 그런데도 우리에게 선물을 준비해 주셨다. 어찌 고맙지 않으랴. 지배인뿐만 아니라 다른 직원들도 무척 친절하다. 내가 그 레스토랑을 더러 갈 수밖에 없는 이유다. 고객 감동이 따로 없다. 학생들에게도 이 레스토랑의 친절을 소개하곤 한다. 올 결혼기념일은 그렇게 환대를 받았다. 내년에는 어떤 이벤트가 기다릴까.

여보 사랑해

내일이 결혼기념일이다. 1987년 11월 17일 결혼했다. 만 27년 된 셈이다. 1986년 12월 입사한 뒤 1년도 안 돼 결혼을 했다. 당시 내 나이 28세. 지금은 빠른 편이지만, 그때는 적령기였다. 아내는 그해 대학을 졸업하면서 나와 결혼을 했다. 그래서 직장생활을 하지 않았다. 지금 27살짜리 아들이 하나 있다. 나의 전 재산이라고 할 수 있다. 아내와 아들. 돈은 없어도 화목하겐 산다. 지금까지 한 번도 부부싸움을 하지 않았다. 아이에게도 야단을 친 적이 없다. 그게 가능하냐고 묻는 사람들이 있다. 2011년 1월 한경와우TV에 1시간 동안 출연했을 당시 앵커도 똑같은 질문을 했다. 그때도 같은 대답을 했다. "그렇다"고 했다. 인내심이 있으면 가능하다. 한 쪽이 성을 내도, 그대로 받아주면 싸움이 일어나지 않는다. 아내는 싸운 적이 있다고 주장하고, 나는 없다고 하는 이유다. 내일은 마침 아들 녀석도 심야 근무라 저녁을 함께 할 수 있단다. 그래서 레스토랑도 예약했다. 셋이서 저녁을 먹으며 자축하려고 한다. 변변치 못한 남편을 만나 내조해온 아내와 아들 녀석이 고맙다. 행복의 뿌리는 가정에 있다.

연탄불 때던 그 시절 이웃

1980년대 후반 연탄불 때던 시절 이웃과 오늘 점심을 한다. 올초 20여 년 만에 연락이 닿았다. 바로 앞집에 살던 분이다. 남편은 나보다 네 살 위, 부인은 아내보다 세 살 위였다. 아내는 앞집 애 엄마를 친언니처럼 따랐다. 나도 그분을 형님으로 호칭한다. 애들도 아주 가깝게 지냈다. 그 집은 남매. 우리가 먼저 집을 장만해 이사오면서 헤어졌다. 그 뒤로는 거의 만나지 못했다. 1993년 장인이 돌아가셔 문상왔을 때 마지막으로 얼굴을 봤었다. 그 형님이 최근 정년퇴직을 했다. 얼마 전 회사로 찾아오셔서 점심도 약속했다. 오늘이 바로 그날이다. 우선 부부끼리 본 뒤 나중에 애들도 함께 볼 참이다. 부부동반 만남은 이번이 두 번째. 마산 분인데 정말 착하다. 다시 연락이 닿은 게 얼마나 다행인지 모른다. 이제는 헤어지지 않을 터. 젊은 시절 만났는데 은퇴할 나이가 된 것이다. 인생이 덧없고, 세월이 무상함을 새삼 느낀다. 결론은 딱 한가지다. 세상을 즐기고 재미있게 살아야 한다. 그것은 스스로 만들 필요가 있다. 남이 대신 인생을 살아주지 않는다. 오늘 점심도 잔뜩 기대된다.

아내의 생일

아내의 생일이 돌아온다. 이번 주 일요일이다. 솔직히 고민스럽다. 무언가 성의 표시를 해야 하는데 마땅치 않다. 그래서 한 가지 제안을 했다. "근사한 데서 식사나 하지". 아내의 대답은 "노"다. 대신 현찰을 달란다. 돈 싫어하는 사람은 없을 터. 장모님은 이미 아내에게 생일 선물로 현찰을 주었단다. 갓 직장에 들어간 아들 녀석에게도 현찰을 요구한다. 마음에 드는 물건을 사겠다는 것이 아내의 생각. 그렇다고 비싼 것을 원하지도 않는다. 수십만 원 내외면 만족한다. 자기 것 보다는 남편, 자식을 생각하는 게 우리네 엄마다. 아내도 다르지 않다. 말은 그렇게 해도 식구 것을 다 챙긴다. 식구끼리도 나눌 때 행복이 배가된다.

엄마 청바지

아들 녀석이 1박2일 일정으로 부산을 다녀왔다. 예비군 훈련이 연기돼 3일간 휴가를 얻게된 것. 마침 휴가도 없는 터라 이 기간을 이용할 수 있었다. 내가 왕복 KTX표만 끊어 주었다. 호텔, 렌터카 등 나머지는 녀석이 알아서 해결했다. 놈이 제 용돈 정도는 벌기 때문이다. 이번 여행은 혼자서 갔다. 평일이라 녀석의 친구들도 함께 갈 수 없었단다. 어제 8시 반쯤 집에 도착했다. 그런데 선물을 잔뜩 사가지고 왔다. 부산 백화점에 들러 할머니 옷, 아빠 티셔츠 2개, 엄마 청바지 1개를 사왔다. 물론 비싼 것은 아니다. 색상이나 사이즈가 모두 딱 맞았다. 내 티셔츠는 운동할 때 입으라고 했다. 가족을 생각하는 녀석의 마음이 예쁘고, 기특하다. 딸이 없지만 부럽지 않다. 녀석이 딸 이상의 노릇을 한다. 다 큰 녀석이지만 정말 사랑스럽다.

가화만사성

이 세상에 가족보다 더 소중한 것은 없다. 정말로 가정에 충실해야 한다. 그렇지 못하면 밖에서 일을 할 수가 없다. '가화만사성'이라고 했거늘. 가족 간에 스킨십이 제일 중요하다. 부부는 물론 자식과도 마찬가지다. 요즘은 소통 수단이 너무 좋다. 전화뿐만 아니라 메시지, 카톡, 밴드 등 다양하다. 나는 이 중 전화를 적극 권장한다. 하루에 한 번쯤 가족들과 목소리를 듣는 것도 나쁘지 않다. 다른 SNS는 친밀감이 떨어진다. 물론 나는 이를 실천하고 있다. 아내, 아들 녀석과 하루에 한 번 이상 전화 통화를 꼭 한다. 2008년 12월 돌아가신 대전 어머니와 하루도 빠지지 않고 통화를 했다. 국내는 물론 외국에 나가서도 빠트리지 않았다. 문자만 덜렁 주고받아선 성의가 느껴지지 않는다. 아무리 속도의 시대라고 해도 목소리를 직접 듣는것만 하랴. 짧게 안부만 물어도 된다. 강의 때 학생들에게도 강조하는 바다.

먹는 데 복이 있다

나는 모든 음식이 맛있다. 종류도 거의 가리지 않는다. 못 먹는 음식이 없다시피 하다. "아빠한테 속았어. 맛있는 줄 알고 먹었는데 그렇지 않잖아." 아들 녀석이 가끔 하는 말이다. 내가 하도 맛있게 먹으니까 따라 먹었다가 후회하는 것. 먹는 데 복이 있고, 달아난다고 한다. 실제로 맛없게 먹는 사람들도 있다. 그런 사람들을 보면 복이 달아날 것 같기도 하다. "오 서방은 어떤 음식이든지 맛있게 먹어서 좋아." 장모님이 늘 하시는 말이다. 내가 잘 먹어서 그렇다. 그래서 복이 많은지도 모르겠다. 특히 주변의 지인들께 감사를 드린다. 한 분 한 분 너무 좋다. 나쁜 사람이 없다고 감히 말씀드릴 수 있겠다. 내가 사람을 좋아하는 이유이기도 하다. 모든 사람이 자기 같다고 하면 남을 미워할 이유가 없다. 남을, 사람을 사랑하자.

기쁜 소식

8월 첫날 기쁜 소식을 들었다. 아들 녀석의 롯데그룹 최종 합격. 녀석의 꿈은 '커피 왕'이다. 그래서 바리스타부터 시작했다. 그동안 정규직 전 단계인 스텝으로 있었다. 스텝은 비정규직. 녀석에게 기왕 할거면 밑바닥부터 배우라고 했다. 단계를 밟아 올라가는 것이 정석. 워낙 착하고 성실한 놈이기에 그리 걱정은 하지 않았다. 제 밥벌이는 할 놈으로 생각했다. 그래도 합격 소식은 나와 아내, 장모님을 기쁘게 했다. 오후 6시 넘어 연락이 오고 인터넷에 명단이 떴다. 녀석은 그제서야 안도를 했다. 놈의 전공은 컴퓨터공학. 전공을 바꿔 진로를 선택한 셈이다. "아빠

두고 봐. 내가 돈 많이 벌 테니까." 조금은 못마땅해하는 나에게 녀석이 하는 말이다. 그러면서 나를 놀린다. "이젠 아빠도 정규직이 되어야지."

말하자면 촉탁 논설위원으로 있는 나를 보고 우쭐댄 것. 나야 어떠랴. 비정규직으로 있는 것만으로도 고맙다. 일할 수 있는 공간만 있으면 된다. 그보단 아들 녀석의 정규직 소식이 고맙기 짝이 없다. 이것이 부모의 마음. 모든 부모가 다르지 않다.

가족 모임

"8월 9일 안성에서 우리 가족 모임을 가지려고 합니다. 아침 일찍 모여서 점심, 저녁을 먹고 놀다 오려고 하는데 시간을 비워놓으시고 혹시 약속이 있는 분 연락 바랍니다." 어제 오후 대전 형님에게서 이 같은 메시지가 왔다. 5남매 모임을 하자는 것. 우리는 3남2녀다. 내 위로 누님과 형님이 한 분씩 있고, 밑으로 남동생과 여동생이 있다. 내가 딱 한 가운데다. 모두 바쁘다보니까 잘 못 만난 게 사실이다. 2008년 어머니가 돌아가신 뒤 5남매 모임을 만들었다. 서로 더 가깝게 지내자는 취지에서였다. 작년 여름에도 안성에서 모임을 가졌었다. 마침 여동생이 안성에 쉴만한 집을 갖고 있다. 형제란 무엇인가. 남들보다 나아야 한다. 한 어머니 뱃속에서 나왔기 때문이다. 그런데 형제끼리도 안 보고 사는 사람들이 적지 않다. 특히 부모님의 재산이 많을수록 그런 경우를 흔히 본다. 욕심 탓이리라. 한 푼이라도 더 갖고 싶은 것이 사람의 마음. 다행이 우리는 부모님에게서 받은 것이 없다. 그래서 우애가 더 좋은지도 모르겠다. 자식들이 잘 지내는 것을 보면 고인이 된 부모님도 얼마나 좋아하겠는가. 이 새벽, 어머니가 더욱 보고 싶다.

아들 녀석의 입사

"아빠 인감증명서와 재산세 납부 증명서를 떼어 주세요" 아들 녀석의 부탁이다. 최근 입사한 롯데그룹에서 신입사원에게 요구한 서류란다. 인(人) 보증이 필요해서 그랬을 터. 그런 심부름이라면 얼마든지 좋다. 자식이 취직했는데 무슨 일인들 못하랴. 녀석은 약속을 지켰다. "아빠 힘 빌리지 않고 내가 취직할 거야."물론 그런 힘이 내게 없다. 놈은 군 제대 후 대학 4학년 때부터 바리스타를 했다. '커피 왕'이 되기 위해 밑바닥부터 배우기 시작한 것. 1년간 바리스타 생활을 했다. 그다음은 스텝. 정직원 전 단계다. 6개월 가량 스텝 생활도 한 것 같다. 마침내 정식 사원이 됐다. 녀석의 꿈이 이뤄지길 기대한다.

기초연금 20만 원

"장모님 한 턱 내세요." 장모님이 지난달부터 노인 기초연금 20만 원을 받는다. 노인들에겐 가뭄에 단비 같은 돈일 터. 통장에 입금된 돈을 보고 좋아하셨다. 국가에서 돈을 주는 데 싫어하는 사람은 없을 것이다. 다다익선이라고. 더 많이 주면 좋을 듯 싶다. 그 전에는 9만 원 정도 받으셨던 것 같다. 두 배나 뛰었으니 얼마나 좋아들 하시겠는가. 그래서 농담으로 한 턱 내라고 말씀드렸던 것. 오늘 점심 때 우래옥에 갈 참이다. 장모님이 한 턱 쏘시겠단다. 사위가 얻어먹어도 될지 모르겠다. 장모님은 오랜만의 외출이다. 워낙 역사가 오래된 집이라 단골 손님들이 많은 음식점이다. 불고기, 갈비, 냉면이 전문. 서울신문에 근무할 때는 종종 갔었다. 역시 맛의 본고장은 강북이다. 강남이나 여의도는 그곳을 못 따라 간다. 저녁도 외식. 입이 호강하는 날이다.

벌초

모레 집안에서 가장 큰 연중 행사를 한다. 조상들을 모신 충남 보령시 청라면 선영에서 벌초를 한다. 전국에 흩어져 살고 있는 친척들이 모두 모인다. 줄잡아 30~40명 가량 참석한다. 조부모부터 제사를 그곳에서 지낸다. 묘제(墓祭)인 셈이다. 차를 가지고 가면 서해안 고속도로를 이용해야 하는데 밀려서 기차 표를 미리 끊었다. 장항선은 용산역에서 출발. 오전 7시35분 출발해 대천역엔 10시 도착한다. 벌초는 9시부터 시작. 나는 묘지에 10시 30분쯤 도착할 것 같다. 벌초가 끝나면 대천으로 나가 점심을 한다. 식당도 예약해 놓았단다. 우리는 남자 4촌만 12명이 있다. 4촌끼리 모임도 만들었다. 연자 돌림을 따 '비연회(飛淵會)'. 매달 회비도 모은다. 우애도 형제 이상으로 좋다. 그래서 아래 항렬인 6촌끼리도 아주 친하다. 조상들도 흐뭇해 하실 터다.

가족 노래자랑

엊저녁은 가족들과 오붓한 시간을 보냈다. 외식은 종종 하지만 함께 노래를 불러본 것은 정말 오랜만이다. 특히 아들 녀석(인재)의 노래 솜씨는 보통 사람보다 한 수 위다. 녀석은 바비킴, 김동욱, 휘성, 박현빈 노래를 불렀다. 거의 똑같게 부른다. 나뿐만 아니라 아내, 누브티스 이경순 대표님도 거듭 감탄한다. "재, JTBC 모창 대회에 나가도 되겠는걸" 이 대표님이 인재의 노래를 듣고 한 말이다. 놈은 노래에 관한 한 나와 아내를 닮지 않았다. 우리 부부는 음치를 거의 면한 수준이다. 나는 '가는 세월'을 불렀다. 고등학교 때부터 애창곡(?)이다. 내가 아는 노래라야 3~4곡이 전부다. '선창' '대전부르스' '편지' 정도다. 아내 역시 합창

반 출신이라지만 별로 감흥을 주지 못한다. 이 대표님은 마지막으로 팝송을 멋지게 불렀다. 녀석은 어제 처음으로 이 대표님을 뵈었다. 이 대표님이 "고모"라고 했다. 이 대표님은 나와 친구처럼 지내는 누님이다. 나보다는 세 살 위. 아직도 싱글이라 항상 젊게 사신다. 가을 밤의 누브티스는 무척 아름답다. 성북동에 가시면 꼭 한 번 들러보라. 넥타이 박물관도 겸하고 있어 볼 거리도 많다. 대표님께 내 얘기를 하면 더 친절하게 반기실거다. 서로 어울려 멋지게 살자.

어떻게 아들을 낳았어

졸리면 자는 게 철학이라지만 내가 생각해도 너무 일찍 잔다. 엊저녁은 9시 10분쯤 잤다. 9시 뉴스를 보다가 도저히 버틸 수 없어 그냥 자러 들어갔다. 그랬더니 1시에 깬다. 보통 4시간쯤 자고 일어난다. 거실로 나왔더니 아내는 소파에서 자고 있었다. 깨워서 안방으로 들여보냈다. 우리 부부의 생활방식이다. 부창부수와는 거리가 멀다고 할까. 따로 생활하고 있으니 말이다. 그럼 어떠하랴. 한 친구가 농담삼아 말했다. "그럼 아들 녀석은 어떻게 만들었어." 27년 전의 일이라 잘 기억이 안 난다고 대답했다. 여전히 새벽 시간은 나에게 소중하다. 혼자만의 여유 있는 공간. 어제의 일을 되새기고, 오늘 일정을 살펴본다. 주로 사람들의 얼굴이 중첩된다. 그들에게 행여 소홀하지 않았나 반성한다. 인간은 소중하지 않은 사람이 없다. 그런 만큼 모두에게 잘해야 한다. 학식이나 재산이 기준이 될 수 없다. 내가 사람을 가린다면 있을 수 없는 일이다. 오늘도 새벽부터 상쾌하다. 무슨 좋은 일이 생길 것 같다. 행복은 함께 나누자.

6000원짜리 이발

"아빠는 푼돈에 약해" 아내와 아들 녀석이 가끔 나를 놀린다. 돈 만원, 몇 천 원을 아끼려고 하기 때문이다. 오늘은 명절 뒤끝이라 휴강을 하고 학생들과 온라인 강의를 했다. 카톡방에 글을 띄워 꼭 읽기를 당부했다. 선배와 점심을 한 뒤 동네 남성 헤어커트 전문점에 들렀다. 허름해서 조금 쌀 것 같았다. 머리를 깎고 계산을 하는데 6000원만 내란다. 서울에 이런 미용실이 있다는 게 의심스러웠다. 어쨌든 기분이 좋았다. 그동안 두 번 들렀던 미용실은 커트하는데만 2만 4000원. 4분의 1 가격으로 머리를 만진 셈이다. 커트 기술도 뒤지지 않았다. 남자 머리야 단정히 깎으면 그만. 회사 근처 여의도 미용실도 만 원을 받는다. 횡재했다는 생각도 들었다. 휘발유도 싼 곳을 찾아 다닌다. 가득 채우면 1만~2만 원 정도 절약한다. 대신 돈을 쓸 때는 제대로 써야 한다. 오늘도 식당에서 도와준 도우미님께 약간의 팁을 드렸다. 돈의 용도를 되새겨 본다.

역사적인 날

술을 마셔도 일어나는 시간은 거의 똑같다. 오늘 기상 시간도 새벽 두 시. 조금 더 자고 싶은 생각이 있지만 저절로 깬다. 습관이란 이처럼 무섭다. 오늘은 역사적인(?) 날이다. 내가 타짜 영화를 보러 간다. 아들 녀석과 함께 보기로 했다. 사실 강제로 간다고 해야 할 것 같다. 내가 영화를 보지 않으니까 미리 표를 끊어놓았다. 아내가 둘이 보란다. 그래서 녀석과 데이트를 하게 됐다. 여의도 IFC안에 있는 CGV영화관이다. 아내는 "왜 남이 다 보는 것을 보지 않느냐"고 성화다. 아들 녀석과 함께 영화를 보는 것은 놈이 초등학교 때 용가리를 보고 처음이다. 아빠 노릇을 제대로 못한 셈이다. 객석에 끝날 때까지 앉아 있을 지는 모르겠다. 중간에 나오는 버릇이 있어서다. 오늘은 녀석에게 달라진 아빠의 모습을 보여주려 한다. 그리고 저녁도 같이 할 참이다. 우리 동네에서 식당을 하다가 강남으로 옮겨 치킨 집을 하는 지인을 만나기로 했다. 아내와 셋이 갈 참이다. 나보다 한 살 적은데 친형처럼 따른다. 그 친구도 책을 많이 읽는다. 내 졸저도 거의 읽었다. 굳이 의미를 부여하자면 독자를 찾아간다고 할까. 여하튼 신나는 세상이다.

꿈

내 꿈이 이뤄지는 꿈을 꿨다. 어제 추석날 차례를 지내면서 간절히 빌었던 바다. 꿈에서라도 꿈이 이뤄져 기분이 좋다. 좋은 꿈은 입 밖에 내지 말라고 했다. 그래도 페친들과 나누고 싶다. 너무나 생생했다. 꿈 속에서 치열한 논쟁도 벌였다. 등장 인물도 여럿. 그대로 된다면 얼마나 좋을까. 각설하고, 꿈은 꿈일 뿐이다. 그렇게 되도록 노력해야 한다. 이 세상에 공짜로 그냥 되는 일은 없다. 그만한 댓가가 필요하다. 지금까지 살아오면서 이루지 못한 목표는 거의 없었다. 실현 가능한 목표였기에 그랬을지도 모른다. 대신 정직하고 성실하게는 살아왔다. 내 인생의 좌우명이다. 앞으로도 이 둘은 변함이 없을 터다. 아들 녀석에게도 늘상 하는 말이다. 중요한 것은 실천. 나부터 본보기가 되려고 한다.

추석

조금 이따가 추석 쇠러 대전에 내려간다. 어머니가 돌아가신 지도 6년 됐다. 반갑게 맞아주시던 어머니가 안 계셔 왠지 쓸쓸하다. 아들, 며느리, 손주를 따뜻하게 반겨주시던 어머니. 살아계시면 81세다. 요즘 할머니들은 90세 이상 사신다. 우리 어머니는 너무 일찍 돌아가셨다. 늘 어머니가 그립다. 아버지는 40년 전에 돌아가셔 기억조차 가물거린다. 그래서 어머니라도 더 오래 사시길 바랐다. 그러나 부모님은 자식을 기다려주지 않는다. 살아계실 때 한 번이라도 더 찾아뵈어야 하는 이유다. 살아 생전 전화는 하루도 빠트리지 않고 드렸다. 그것으로 조금의 위안을 삼는다. 주례를 설 때마다 강조하는 대목이기도 한다. "살아 생전 부모님께 잘해 드려라" 사실 분가하고 나면 나 살기가 바쁘다. 부모님 신경을 쓰는 게 쉽지 않다. 아이들도 엄마 아빠가 할머니 할아버지께 하는 것을 보고 배운다. 산 교육은 바로 실천에 있다. 효도를 생각하는 추석 전날 오후다.

사위 자랑

어젠 퇴근길의 택시 운전자에게서 아름다운 얘기를 들었다. 짐이 좀 있어 택시를 탔다. 기사 분의 인상이 편안해 보였다. 개인택시를 하는 분이었다. 추석 선물 얘기를 하다가 자식 말까지 나왔다. "사돈댁에서 과분한 선물을 보내줘 부담스럽네요. 받았으니 안 보낼 수도 없고." 그분이 한 말이었다. "사돈댁이 잘 사는가 보죠." 내가 물었다. 인천에서 직원 10명 정도 있는 슈퍼를 한다고 했다. 그보다는 딸과 사위를 자랑할 만했다. 딸은 서울의대를 나와 일산 백병원에서 내과 전문의를 하고 있단다. 사위 역시 서울대 치대를 나와 병원을 개업했다고 했다. 사위는 원래 연세대 행정학과 출신인데 행정고시에 패스한 뒤 포기하고 다시 서울대 치대에 학사 편입해 치과의사가 되었다고 했다. 개인택시는 사위가 아버님 용돈이라도 하시라며 7000만 원을 주고 사 주었단다. 얼마나 기특하겠는가. 요즘은 딸도 아들 이상으로 한다. 굳이 아들을 고집할 필요가 없을 것 같다. 나는 아들만 하나. 놈이 그분의 사위만큼 내게도 잘 할지 모르겠다. 나이들면 자식 자랑밖에 없는데….

다시 태어나도 지금 아내와 함께 할 터

나는 다시 태어나도 지금의 아내와 결혼할까. 대답은 "그렇다"이다. 하지만 아내는 다른 것 같다. "글쎄. 자기와 결혼 안 했을 거야." 남편인 내가 성에 차지 않는다는 얘기와 다름없다. 원인은 나에게 있을 터. 아무래도 경제적인 이유를 꼽지 않을 수 없을 것 같다. 얼마 전 아내가 이런 얘기를 했다. "자기가 PD를 했더라면 지금보다 낫게 살텐데" 신문기자의 아내로 어렵게 살아왔음을 말해준다. 1986년 입사 당시 KBS에는 PD로, 서울신문에는 기자로 각각 합격했다. 둘을 놓고 고민하다가 신문기자를 택했다. 나는 후회하지 않지만, 아내는 조금 다르다. 방송 쪽이 신문보다 급여 등 대우가 낫기 때문이다. 정년도 세 살 더 많다. 만약 서울신문에 계속 있었더라면 내년이 정년(만 55세)이다. 어쩌면 일찍 나와 그런 고민을 하지 않는지도 모른다. 전화위복이라고 할까. 지금도 넉넉하지는 않다. 그래도 마음만은 편하다. 논설위원과 초빙교수. 투잡에 만족한다. 둘 다 비정규직. 그럼 어떠랴. 작가는 덤. 일을 할 수 있어 행복하다.

친구 어머니를 떠나 보내며

고교 친구 어머니 상가에 다녀왔다. 나에게도 어머니와 같은 분이다. 그분의 사랑을 많이 받았다. 살아계실 때 한 번이라도 더 찾아뵈었어야 했는데 돌아가신 다음 문상했다. 죄송스럽다. 주위 사람들에게 많이 베푸셨던 분이다. 편히 영면하리라고 본다. 그런데 날씨가 짖궂었다. 충청도 지역에 눈이 많이 온 것. 설경은 멋졌지만 상을 치르는 데 고생할 것 같다. 오늘이 발인. 밤샘하는 것이 마땅한데 출근이라 올라왔다. 친구에게 미안하기 짝이 없다. 직장 생활을 하다보니 사람 노릇 못할 때가 많다. 낮에 근무한 뒤 저녁에는 경주에 내려간다. 그곳 원전 측의 초청을 받았다. 우리 논설실이 모두 내려간다. 1박하고 내일 저녁 올라올 참이다. 논설실 망년회는 천년 고도 경주에서 하게 된 셈이다. 올해도 이처럼 마무리되어 간다. 뜻하지 않은 선물도 받았다. 8번째 에세이집 『새벽을 여는 남자』를 내게 된 것. 출판사 측이 고맙지 않을 수 없다. 오후에 책을 넘겨받을 것 같다. 주말 프로그램 잘들 짜시라.

만 55세

귀 빠진 날이다. 이제 만 55세. 정월 18일 생이다. 생일이 굉장히 빠른 편. 태어난 시는 인시. 그래서 조금 부지런한지도 모르겠다. 오늘 근무라서 어제 가족들과 저녁을 했다. 짜장면을 먹었다. 생일케익에 불도 켰다. 먼저 나를 낳아준 부모님께 감사를 드린다. 지금껏 건강하게 살아왔다. 부모님은 모두 돌아가셨다. 한 분이라도 살아계시면 얼마나 좋을까. 살아계실 때 효도를 다해야 하는 이유다. 남은 것은 가족. 아내, 아들, 장모님은 물론 형제들과 잘 지내야 한다. 믿음과 우애는 기본. 이 세상에 가정만큼 소중한 것도 없다. 가정이 화목해야 다른 일도 할 수 있다. 가정을 최우선적 가치로 둬야 한다는 얘기다. 우리 집에 온기는 돈다. 서로 신뢰하면서 오손도손 살고 있다. 가족이 있기에 나도 있다. 새삼 고마움을 느낀다. 오늘 새벽도 신난다.

Chapter 6

글쓰고 책내는 오풍연

글쓰기는 내면을 들여다보고 다가올 미래를 그려볼 좋은 기회다. 그러나 몸과 마음에서 우러나지 않고 풍부한 지식을 과시하기 위해 쓰는 글은 자신의 앞날에 걸림돌이 될 뿐이다. • 나카타니 아키히로

오풍연,
글과 책에
빠져들다

나는 지금 이대로가 좋다.
글 쓰고, 강의하고, 가끔씩 주례 봉사하고.
할 수만 있다면 평생 이 길을 걷고 싶다.
마음을 비운 까닭일까. 비움의 미학을 생각해 본다.

나에게 문학이란

내 페이스북은 일기장이나 마찬가지다. 하루 일어났던 일을 중심으로 글을 쓴다. 그것들을 모아 掌篇 에세이집을 두세 권 냈다. 말하자면 일기문학이라고 할까. 일기가 문학이라는 데 동의하지 않을 분들도 많을 게다. 그렇다면 나도 작가란 말이냐고 할 지 모른다. 누구나 쓸 수 있다는 얘기다. 그렇다. 문학을 거창하게 볼 필요는 없다. 일기도 감동이 있고, 메시지가 있으면 문학으로 손색이 없다고 본다. 다시 말해 누구나 작가가 될 수 있다는 얘기다. 거듭 말하지만 문학은 작가의 전유물이 아니다.

내가 격식을 파괴하는 이유이기도 하다. 더군다나 아주 짧은 글이다. 그것을 가지고 문학이라고 하니 콧방귀 뀔 법도 하다. 하지만 격려해 주는 분들도 적지 않다. 읽기 쉽고 편하다고 한다. 내가 노리는 바다. 문학이 어려울 필요는 없다. 그런데도 어렵게 써야 글이라고 생각하는 사람들이 있다. 유식한 체 하는 것이다. 나는 어려운 글을 쓰지 못한다. 가급적 순수 우리말을 쓰려고 노력하고, 인용도 하지 않기 때문이다. 앞으로도 바뀌지 않을 터. 내 스스로는 '오풍연 문학'이라고 한다. 평가받을 날이 올까.

9번째 장편에세이도 빛을 볼 수 있을까

새벽마다 빠트리지 않고 글을 쓴다. 하루라도 거른 날이 거의 없을 듯하다. 지난 달 초 입원했을 당시 이틀 정도 빼먹었을 듯싶다. 掌篇 에세이에서 바뀌지 않았다. 하루에 평균 1개씩 써왔다. 이렇게 7달 가량 쌓이면 한 권의 책을 만들 수 있다. 원고가 완성되는 셈이다. 9권째 에세이집 원고도 거의 마무리된 듯하다. 아직 세어보지는 않았다. 짧은 글 200~210개가 1권의 책 분량이다. 8번째 에세이집 『새벽을 여는 남자』는 지난해 7월까지 원고를 모은 것이다. 그 뒤로 8개월째 접어들었으니 원고량은 충분할 것 같다. 9집은 언제 나올지 모른다. 책은 내 마음대로 낼 수 없기 때문이다. 지금이라도 원고를 달라고 하는 출판사가 있으면 그냥 넘겨 줄 셈이다. 물론 원고를 더 다듬어야 한다. 페이스북에 올린 글은 초벌구이다. 올해 안에 9집도 빛을 보지 않을까 생각한다. 이 또한 도전이라면 도전이다. 나에겐 도전도 신이 내려준 선물이다.

글쓰기

사실 새벽에 내가 올리는 글은 책을 쓰는 것과 다름 없다. 말하자면 매일 독자를 찾아가고 있는 셈. 이처럼 페이스북에 올린 글을 모아 책을 낸다. 이름하여 掌篇 에세이집. 보다 호흡이 긴 책을 쓸 것을 권유하는 분들도 있다. 글의 내용이 너무 짧다는 것. 하지만 나에게 목표가 있다. 이 같은 글의 형태를 10권까지 유지할 생각이다. 앞으로 두 권만 더 내면 된다. 지금 쓰고 있는 글은 9집용이다. 장편 에세이는 나 말고 쓰는 작가가 없다. 내가 개척자라고 할까. 믿음은 있다. 언젠가는 독자들의 평가를 받을지도 모른다는 기대감. 물론 나만의 바람이다. 아무리 글이 짧아도 메시지는 있어야 한다. 아울러 종종 받는 질문이 있다. "인세는 얼마나 받으세요" 인세를 생각하고 책을 낸 적은 한 번도 없다. 주면 안 받을 리 없지만 책을 내는 데 큰 의미를 둔다. 전업작가가 아니어서 행복한 점도 있다. 만약 글을 써서 먹고 산다면 이미 상업적으로 흘렀을지도 모른다. 내가 추구하고 있는 것은 진정성과 순수. 그것을 잃는 순간 작가로서의 생명도 끝난다고 본다. 바보 오풍연이 앞으로 걸어갈 길이다.

교보에 올라온 서평

우연이 아닌 인연으로 『새벽을 여는 남자』 책을 손에 받고 기대 가득한 맘으로, 설레기까지 하는 맘으로 책을 열었다. 한 페이지를 읽고, 또 두 페이지를 읽고, 세 페이지를 읽고는 솔직히 "에이 뭐야 이런 글은 나도 쓰겠네..." 하는 생각이 들었다. 그렇지만 왠지 모를 강한 끌림이 있었다. 자꾸 다음 제목이 궁금해졌다. 소제목으로 한 페이지에서 결론이 나버리기 때문에 일에 쫓기는 나로선 부담 없이 읽을 수 있어 참 좋았다. 덮어놨다가도 언제든지 책을 펴서 읽을 수 있기에...
책을 읽어 갈수록 음,, 역시... 역시... 라는 끄덕임과 함께 난 책을 쓰고 싶단 꿈을 접어야겠구나 라는 생각이 들었다. 글은 분명히 쉽게 읽을수 있었고 누구라도 손쉽게 써내려갈 수 있는 일기 형식이었기에 가볍게 대할 순 있었지만 그 안에 내재되어 있는 삶의 철학 속에서 뿜어져 나오는 열정과 순수함과 정직성 앞에서 감탄을 금치 못했다. 바보로 살겠다는 그의 삶 가운데,, 기자에 대한 일반적인 편견을 씻을수 있었고, 모든 요청에 예스로 답한다는 대목에서 그의 삶에 대한 도전을 수용하는 열정을 엿볼 수 있었다. 또한 물질에 대한 욕심이 없는 그의 생활 가운데 정말 이 책은 그저 쓰여진 일기가 아니라 글과 일치되는 생활과 누구 앞에서도 떳떳할 수 있는 깨끗한 삶을 살아온 당당함으로 엮여졌음을 보았다. 그래서 나도 이 정도 책쯤이야 쓸 수 있겠다는 허접한 자신감을 내려놓았다. 읽어내기에 쉬운 책이었지만 단숨에 읽어버리기엔 너무나도 배울 점들이 많았다. 직장 생활 이야기나 삶의 경험담들이 그냥 읽고 덮어버릴 것들이 결코 아니었기 때문이다. 한번 읽고 또 곱씹게 되고 나도 이렇게 살아야지 라는 교훈되는 글들이 가득한 책이다. 주변인들에게 추천했다. 읽고 독후감을 써보라고까지 했다. 책은 이렇게 써야 될것이다. 내 삶을 이야기 하고 그렇게 사는 모습을 보여주면서 말이다.

장·차관 추천제

"김 회장, 인사혁신처에서 장,차관 추천을 받는다고 하네. 자네가 나 장관 시켜준다고 했잖아. 한 번 추천해 주시게. 홈페이지 들어가면 가능할 거야." 생전 처음 친구에 부탁(?)을 했다. 입만 떼면 나를 보고 "오 장관"이라고 하는 친구다. 농담임은 물론이다. 그런데 실제로 인사혁신처에서 장,차관을 추천받겠다는 기사가 떴다. 솔직히 믿음이 안 간다. 전시행정이라고 할까. 친구에게서 답장이 왔다. "잘될 걸세. 자네는 입각의 기운이 있네. 문광부 장관과 청와대 교문 수석으로 추천하면 되겠네." 이러다간 문광부장관에게서 미운 털이 박힐지도 모르겠다. 자기 자리를 넘보고 있으니. 장, 차관 추천제가 실효성을 거둘 것으로 보지 않는다. 장관 임명권자는 대통령. 대통령의 의지에 달려 있는데 추천한다고 되겠는가. 그 이하의 자리라면 모르겠다. 인사혁신처가 오버하는 것으로 비치는 것은 왜일까.

나는 무명작가

혹 베스트셀러가 되는 방법은 없을까. 분명 있다. 많은 독자들이 찾아주면 된다. 그러나 그게 쉽지 않다. 한 사람이 100권, 200권, 500권을 사 준다고 베스트셀러가 되지 않는다. 한 사람이 한 권씩, 많은 사람들이 참여해야 가능하다. 지인들이 사주는 것도 한계가 있다. 책을 낼 때마다 똑같은 얘기를 한다. "인터넷으로 한 권씩만 사 주세요. 그리고 입소문 좀 내 주세요." 이번 8번째 에세이집도 마찬가지다. 나는 아직도 무명 작가. 그 설움을 잘 안다. 전업작가가 아니어서 충격을 덜 받을 뿐이다. 사실 밥과 술은 사도 책은 잘 사지 않는다. 그래서 책을 사달라는 부탁을 하기도 어렵다. 이번 만큼은 작은 혁명(?)이 일어났으면 좋겠다. 출판사 사장님은 오늘 아침에도 전화를 걸어 책을 잘 만들겠다고 하신다. 진인사대천명이다.

책도 좀 사주세요

오른쪽 사타구니가 정말 감쪽같이 나았다. 하루만이다. 페친들이 걱정해준 덕분으로 생각한다. 어제 아침 출근할 때만 해도 통증과 함께 절뚝거렸다. 최소 2~3일은 갈 줄 알았다. 이젠 그 같은 근심도 사라졌다. 오늘은 운동을 나갈 참이다. 어젠 비도 간간이 내리고 아프다는 핑계로 건너뛰었다. 낮에 출판사를 하는 지인과 점심을 하기로 했다. 내 에세이집 3권을 내준 친구다.『사람풍경 세상풍경』『그래도 행복해지기』『천천히 걷는 자의 행복』등. 나보다 8살 아래. 책을 열심히 만든다. 하지만 경영은 어렵다. 모든 출판사들이 겪고 있는 처지다. 대형 출판사들은 그나마 낫다. 이름값을 하기 때문이다. 술도 사고, 밥을 사도 책은 안 산다. 1000만 관객의 영화는 봤어도 100만 권을 돌파한 책은 찾아볼 수 없다. 우리 문화의 현주소다. 그래서 책을 읽고 촌평을 해주는 분들이 가장 고맙다. 내 독자들과 함께 오늘 새벽도 연다.

어느 출판사 대표의 하소연

"책이 500권도 안 팔리는데 리스크가 너무 큽니다." 단행본을 출간하는 출판사 사장의 한탄이다. 이 경우 순수 제작비는 물론 인건비도 안 나온다. 요즘 우리 출판의 현주소라고 할 수 있다. 그동안 에세이집을 7권 내면서 출판사 대표를 몇 분 안다. 첫 에세이집 『남자의 속마음』을 펴낸 21세기북스 말고는 모두 작은 출판사다. 그분들과 만나면 애로사항을 종종 듣는다. 출판인들의 살기 위한 전략은 눈물겹다. 인원을 줄이고, 경비를 쥐어짜도 힘들단다. 이런 상황에서 좋은 책이 나올 리 없다. 소위 베스트셀러는 내용보다 마케팅 측면이 훨씬 크다. 그래서 베스트셀러를 읽고 실망하는 경우도 적지 않다. "어떻게 이런 책이 베스트셀러야"라고 할 정도다. 어떠한 책도 한두 달 안에 빛을 보지 못하면 서가에서 사라진다. 전업작가의 심정은 어떻겠는가. 8번째 에세이집을 준비하는 입장에서 착잡하다. 책이 나올 수나 있을까.

천안 독자

오늘도 한 독자와 점심을 한다. 천안에서 학교를 다니고 있는 남자 대학생. 지난 16일 연락이 왔다. "안녕하세요 선생님. 저는『그곳에는 조금 다르게 행복한 사람들이 있다』독자 모임에서 선생님을 만난 독자 김** 입니다. 혹시 괜찮으시다면 22일이나 28일 중 선생님의 이번 작품『새벽을 여는 남자』와 함께 뵐 수 있을까요?" 여부가 있겠나. 바로 오케이를 했다. 그 친구의 얼굴을 정확히 기억할 순 없다. 지난해 초 7번째 에세이집을 낸 뒤 독자 모임을 했었다. 거기에 왔던 친구라고 했다. 독자가 작가를 찾아오는 것은 제자가 스승을 찾아오는 것과 똑같다. 최고의 기쁨 아니겠는가. 요즘 젊은이들은 책을 별로 보지 않는다. 그런 가운데 책을 읽는 학생이 있으니 대견스럽다. 점심을 함께 하면서 이런저런 얘기를 들려줄 예정이다. 오늘도 설렘 속에 하루를 시작한다.

잘쓴 글, 못쓴 글

어제도 잘쓴 글, 못쓴 글에 대한 얘기가 있었다. 어떤 글이 잘쓴글일까. 상당히 주관적인 질문이다. 그 기준과 잣대는 없다고 본다. 판단 자체가 모호하기 때문이다. 글을 읽고 자기 마음에 들으면 잘 썼다고 하지 않을까. 그러려면 메시지가 있고, 감동을 주어야 한다. 다시 말해 공감을 불러일으켜야 한다는 얘기다. 고개를 끄덕이지 않으면 공허한 메아리에 불과하다. 나도 만 28년째 글을 쓰며 먹고 살고 있다. 수없이 많은 기사, 사설, 칼럼을 써왔다. 그동안 7권의 에세이집도 냈다. 하지만 내가 글을 잘 쓰는지는 모른다. 남들이 평가해주어야 할 몫이다. 자기 스스로 글을 잘 쓴다고 하는 사람은 허풍선이이다. 그나마 요즘은 글을 쓴 뒤 몇 명이 내 글을 보았는지 알 수 있다. 조회 건수는 실시간으로 집계가 가능하다. 많은 사람들이 클릭한 글을 잘 썼다고 해야 하지 않을까 생각한다. 그것 말고는 달리 재단할 방법이 없다. 문제가 아주 없는 것도 아니다. 글의 내용보다 제목이 자극적이면 조회 건수가 늘어난다. 이른바 미끼를 던지는 것이다. 종이 신문과 인터넷 신문의 제목이 다른 이유이기도 하다. 그래서 점점 더 자극적인 제목을 달곤 한다. 나라고 유혹을 안 받을 리 없다. 하지만 나는 진정성과 순수함을 잃지 않으려고 한다. 비록 읽는 사람이 적더라도.

서평 검색

요즘은 눈을 뜨자마자 맨 먼저 하는 일이 있다. 서평을 검색해보는 것이다. 블로거들이 서평을 올려준다. 이들의 활동 시간은 주로 늦은 밤. 내가 잘 시간이다. 그래서 새벽에 일어나 살펴본다. 파워블로거들도 더러 있다. 책을 많이 읽는 분들이라 글도 잘 쓴다. 기성 작가 뺨치는 분들도 많다. 등단만 못 했을 뿐이다. 어떻게 서평을 올리느냐고 물어오는 분들도 있다. 인터넷 서점마다 독자 리뷰를 받고 있다. yes24, 인터넷 교보문고, 인터파크도서, 알라딘 등에 올리면 된다. 블로거들은 대부분 동시에 가입하고 있어 글도 동시에 올린다. 서평을 발견하면 가슴이 뛴다. 혹시 혹평을 하지 않을까. 호평을 하든, 혹평을 하든 그것은 관심의 연장이다. 고맙지 않을 수 없다. 나도 사람인지라 호평을 받으면 더 기분이 좋다. 하루에 한두 개씩 올라온다. 그래서 서평과 함께 하루를 시작한다. 언제까지 계속될까. 행복하다. 고맙다.

인세에 관해

"위원님, 인세 많이 받으시죠. 집도 사시겠어요." 지인이 대뜸 말을 건넸다. 『새벽을 여는 남자』가 시/에세이 분야 월간 랭킹 1위에 오른 것을 두고 하는 말이다. 그러나 출판시장이 정말 척박하다. 정가로 수천 권 팔기가 어렵다. 그래야만 작가에게도 인세가 조금 들어온다. 초판은 보통 2000권 안팎 찍는다. 여기에 유가 부수는 얼마 안 된다. 나야 애당초 인세를 기대하지 않는다. 책이 나오는 데 의미를 두기 때문이다. 다행이 잘 팔리면 인세도 챙겨줄 터. 그래서 따로 특별한 계약도 하지 않는다. 출판사 측이 하자는대로 한다. 지금까지 8권의 에세이집을 내면서 인세 명목으로 받은 돈은 1000여 만 원 정도. 그보다 지출이 훨씬 많다. 이래저래 인사치레는 해야 되지 않겠는가. 책을 낸다고 하면 아내가 싫어하는 이유이기도 하다. 그러나 책을 낼 때마다 보람이 쌓인다. 그 자체로 고맙다. 인세에 관한 나의 단상이다.

오풍연답게

아무래도 책 얘기를 많이 하는 것 같다. 책을 낼 때마다 한 달 정도는 그렇다. 내 생활에서 많은 부분을 차지하기 때문이다. 이번에는 출판기념회도 한다. 당초 계획하지 않았던 행사다. 걱정이 안 된다고 하면 거짓말. 하지만 출판기념회 역시 오풍연답게 하려고 한다. 단 한 분만 오시더라도 영광으로 알겠다. 얼마 전 지인들껜 행사 안내 메시지를 보냈다. 전화번호가 모두 지워져 미처 연락을 하지 못한 분들도 적지 않다. 알림은 그것으로 끝이다. 형제 등 누구에게도 전화를 걸어 참석해 달라고 부탁하지 않았다. 부담을 드리지 않기 위해서다. 그럼에도 몇몇 분들은 전화 또는 메시지로 참석을 알려왔다. 고맙지 않을 수 없다. 출판사 대표님은 은근히 걱정을 한다. 다시 한 번 연락을 드려야 하는 것 아니냐고 말한다. 번거롭게 할 생각은 없다고 대답했다. 시간대 역시 애매하다. 21일(일요일) 오후 1시부터 2시까지. 점심 시간이 맞물려 있다. 날씨도 추울 터. 이런 상황에서 오시는 분들은 보통 정성이 아니다. 그분들을 성의껏 맞이할 생각이다.

오풍연다운 기념회랄까.

어느 장관님의 추천사

책을 낼 때마다 여러 분들의 도움을 받는다. 추천사를 해 주시는 분들 역시 마찬가지다. 사실 몇 줄 안 되지만 여간 신경 쓰이는 게 아니다. 또 작가를 잘 알지 못하면 써주기도 어렵다. 이번에 모두 7명이 추천사를 써 주셨다. 이기권 노동부 장관, 손주환 전 서울신문사장, 전영숙 아세아항공전문학교 이사장, 권오용 효성고문, 김기만 전 청와대 춘추관장, 유진선 대경대 설립자 겸 명예총장, 장경아 심정 대표변호사가 그들이다. 이 중 이 노동부 장관님은 한 번도 뵌 적이 없다. 그럼에도 선뜻 추천사를 써 주셨다. 페이스북을 통해 맺은 인연 때문이다. 페북에 올린 내 글을 보고 소감을 보내주셨다. 고맙지 않을 수 없다. 나머지는 잘 아는 분들이다. 그분들도 촌철살인의 멘트로 독자들을 만나셨다. 그래서 어제 이 장관님을 제외한 여섯 분에게 점심을 초대하겠다는 메시지를 보냈다. 장소는 이경순 대표님이 직접 운영하는 성북동 누브티스. 날짜는 멀리 잡았다. 내년 1월 17일 토요일이다. 모두 참석하시겠다는 연락을 받았다. 그 또한 나를 기쁘게 했다. 이 장관님께는 따로 페북 메시지를 통해 초대할 참이다. 현직 장관은 휴일도 없는 게 사실이다. 시간이 되면 얼굴을 꼭 뵙고 싶다. 추천사는 책의 대미를 장식한다. 거듭 고마움을 전한다.

추천사를 써주신 분들

또 다시 한 주가 시작된다. 매번 설렘 속에 한 주를 맞이한다. 살아 있는 존재의 기쁨이랄까. 17일(토)엔 의미 있는 행사가 있다. 『새벽을 여는 남자』에 추천사를 써주신 분들을 모시고 점심을 한다. 성북동 누브티스 넥타이 박물관 겸 레스토랑을 예약했다. 모두 7명이 써주셨는데 사정이 있는 두 분을 빼고 다섯 분이 참석할 것 같다. 서울신문 사장을 지내신 손주환 전 공보처 장관님, 권오용 효성 홍보고문님, 전영숙 아세아항공전문학교 이사장님, 유진선 대경대 설립자 겸 명예총장님, 장경아 변호사님 등이다. 유 총장님은 일부러 대구에서 올라온다. 추천사가 몇 줄 안 되지만 선뜻 응하는 게 쉽진 않다. 그래서 더더욱 고맙다. 덕분인지 몰라도 과분한 사랑을 받고 있다. 인터파크도서 시/에세이 분야 월간, 주간 랭킹 1위에도 올랐다. 서평을 올려주시는 독자 분들도 있다. 한 분 한 분 찾아뵙고 인사드리지 못해 미안할 따름이다. 오늘은 대통령 신년 기자회견. 박근혜 대통령 마음이 어느 때보다 무거울 듯싶다. 이런 때일수록 마음을 비워야 하는데. 정치담당 논설위원인 나도 마음이 편치 않다. 그 해법은 정도에 있다.

약속은 지킨 셈 입니다

8번째 에세이집 『새벽을 여는 남자』가 99% 완성됐습니다. 내일 오후 인쇄에 들어갈 예정입니다. 계속 다듬다보니까 손도 많이 가네요. 물론 출판사에서 할 일이죠. 아무리 잘 만들다 한들 2% 부족한 게 사실입니다. 책이 나오면 너그럽게 양해해 주세요. 오늘도 출판사에서 이런 저런 메일을 보내왔는데 대구 강의 갔다 오느라고 미처 못 챙겼습니다. 중간에 약간의 혼선도 있었습니다. 옥동자를 낳기 위한 과정으로 보고 있습니다. 어디 일사천리로 진행되는 일이 있겠습니까. 아직 책이 나오기 전이지만 교보문고에는 미입고 신간으로 등록돼 있습니다. 제가 서울신문 노조위원장을 할 때 사장님이셨던 손주환 전 공보처장관님도 알림 등록을 하셨답니다. 이 같은 관심 때문인지 교보문고에서도 큰 기대를 하고 있다는 출판사 측의 전언입니다. 그래서 조심스런 계획을 하고 있습니다. 2010년 4월 15일 최초로 출판기념회를 한 적이 있습니다. 그 자리에서 선언을 했습니다. "정치를 할 생각은 추호도 없습니다. 오늘은 작가를 선언하는 자리입니다. 앞으로 글을 계속 쓰겠습니다." 결과적으로 빈말은 아닌 게 됐습니다. 그 뒤 지금까지 6권의 에세이집을 더 냈습니다. 모두 페친 및 지인들이 도와준 덕분입니다. 만약 이번 책이 재판에 들어가면 조촐한 출판기념회를 할 생각입니다. 100~200분을 초대해 자초지종을 말씀드리고 제 2의 도약을 다짐하겠습니다. 그런 날이 올지 또한 독자들의 손에 달려 있습니다. 많이 성원해 주십시오. 감사합니다. 멋진 밤 되십시오. 오풍연 드림.

두 번째 출판기념회

어제 출판기념회가 끝난 뒤 술을 조금 마신 탓에 평소보다 두 시간쯤 늦게 일어났다. 새벽 4시 10분 전이다. 무엇이라고 할까. 온통 고마운 분들뿐이다. 사실 출판기념회를 한다고 20일 전쯤 메시지만 딱 한 번 보냈다. 그런 다음 누구에게도 전화 한 통 하지 않았다. 형제들에게도 마찬가지였다. 정말로 부담을 드리기 싫었다. 오시는 분들은 시간뿐만 아니라 책도 구입해야 되기 때문이다. 그럼에도 1백여 명이 오셨다. 오신 분들께 다시 한 번 감사한 마음을 전한다. 페친들도 몇 분 오셨다. 정황이 없어 별로 대화도 못 나눴다. 내 출판기념회가 끝난 뒤 바로 행복에너지 권선복 대표님의 출판기념회가 이어졌다. 원래 그 기념회가 메인 행사였다. 헌정기념관도 그 행사를 위해 미리 예약해 두었단다. 내 기념회는 오프닝 행사였던 셈이다. 책은 교보문고에서 나와 현장 판매를 했다. 판매지수에도 반영된다. 출판사가 그것을 위해 내 출판기념회를 했던 것이다. 말하자면 책을 띄우기 위한 행사라고 할 수 있다. 인터파크 도서에는 이미 베스트셀러에 올랐다. 현재는 시/에세이 분야 주간 베스트 3위. 당초보다 두 단계 내려 앉았다. 교보는 늦게 판매를 시작해 랭킹 진입이 더딘 편이다. 아직 모른다. 이달 말까지는 탄력을 받아야 랭킹도 오르고, 롱런 여부를 판가름할 수 있다. 이제 공은 독자들의 손에 넘어갔다. 겸허한 마음으로 선택을 기다린다.

추천사에 비친 나

얼굴도 모르는 페북 친구들에게 가장 진솔한 글로, 마치 오랜 친구처럼 다가옵니다. 인생에 있어 가장 소중한 가족, 사람, 국가, 행복에 대해 투명하고 순도 높게 이야기 하는 작가의 글로 여러분 마음도 따스해지리라 믿습니다. (이기권 고용노동부 장관)

오풍연 교수의 글은 평범한 사람의 사는 얘기입니다. 그의 글에는 사랑이 넘치고 있습니다. 사람의 따스한 체온을 느낍니다. 오풍연의 글이 그래서 좋습니다. (손주환 전 공보처장관 · 서울신문사장)

오풍연 님의 글은 사람 냄새가 나고 정겹고 따뜻합니다. 일상생활의 평범한 글 같지만 미소 짓게 하고 훈훈함을 주며, 행복

한 마음을 안겨 주는 글이라 참 좋아 합니다.(전영숙 아세아항공전문학교 이사장)

길이는 짧아도 뜻과 깊이는 따라잡을 수 없는 글입니다. 오풍연만의 감각으로 우리는 세로운 세계를 봅니다. (권오용 효성 고문)

올곧고 따뜻한 기자 오풍연의 에세이. 그의 삶과, 사람들, 그리고 세상사가 쫀득쫀득 담깁니다. 가슴으로 쓰는 글의 난향이 자욱합니다. (김기만 전북대 · 우석대 초빙교수, 전 청와대 춘추관장)

오풍연 위원은 권위나 격식 대신 겸손과 온화함이 넘쳤습니다. 그래서 기꺼이 부탁했습니다. 경쟁과 과중한 스트레스에 시달리는 우리 학생들에게 소소한 일상에서 행복을 찾는 지혜를 가르쳐 달라고… (유진선 대경대 설립자 겸 명예총장)

소소한 사람 사는 이야기 입니다. 우리네 일상을 돌이켜 보게 하는, 그리고 마음의 여유를 주는 정이 넘칩니다. 언제나 풍요로움으로 마음이 가득차는 글입니다. (장경아 심정 대표변호사)

이번엔 기적이 일어날까

8번째 에세이집의 진행이 예상보다 빨라지고 있다. 어제 행복에너지 출판사로부터 원고 수정본을 받았다. 1차 작업이 끝났다는 얘기다. 앞으로 편집을 한 뒤 최종 교정을 보면 책이 나온다. 원고는 모두 208개가 실린다. 앞서 말씀드린 대로 사람 사는 얘기다. 출판사 사장님이 매우 적극적이다. 전화 통화만 했지 아직 뵌 적은 없다. 화끈한 성격의 소유자로 여겨진다. "사진을 넣고 싶은데 좋은 사진 없습니까" 7번째 에세이집은 생태 사진 전문가인 김연수 문화일보 사진부 선임기자가 제공해 주었다. 그 친구는 대전고 1년 후배. 이번에는 대덕연구단지 내 국책연구기관 간부로 있는 고교 동기가 사진을 제공해 주겠단다. 아마추어 이상의 실력을 가진 친구다. 고교 동문들의 도움을 톡톡히 받고 있는 셈이다. 이 같은 템포라면 다음달 초,중순쯤 책이 나올 것 같다. 경우에 따라서는 더 빨라질지도 모른다. 매번 그렇지만 책을 낼 때마다 가슴이 뛴다. "이번에는 작은 기적(?)이 일어날까" 하지만 그 같은 기적은 아직껏 일어나지 않았다. 책을 내준 출판사 측이 고맙지 않을 수 없다. 나도 책을 내는 데 만족해야 했다. 무엇보다 페친들의 관심이 커 든든하다. 그다음은 운명에 맡겨야 한다.

기분 좋은 날

어젠 정말 흥분의 연속이었다. 실시간 랭킹 종합 1위. 8번째 에세이집 『새벽을 여는 남자』의 출간 첫날 결과물이다. 전혀 예상하지 못했다. 관심을 조금 끌면 좋겠다는 생각만 갖고 있었다. 그런데 1위라니. 솔직히 믿기지 않았다. 몇 시간 동안 줄곧 1위를 달렸다. 그러나 뒷심부족으로 막판에는 4위에 만족해야 했다. 그래도 기분이 좋다. 이런 일은 처음이기 때문이다. 경기도 화성고등학교 2학년 이성원 군의 후기도 나를 감동시켰다. 그 학생의 사연을 듣고 책을 한 권 보내주었다. 그랬더니 독후감을 올렸다. 고2의 글이라고 보기엔 너무 성숙한 느낌을 받았다. 다른 페친들도 성원군의 글을 보고 박수를 보냈다. 오는 21일 출판기념회에도 참석하겠단다. 나로선 대환영이다. 아세아항공전문학교 전영숙 이사장님과의 저녁도 멋졌다. 그분의 학교 경영 철학을 들을 수 있었다. 이른바 '어머니 리더십'이다. 오늘은 종강. 7시 KTX로 대구에 내려간다. 2학기 강의를 시작한 지 벌써 15주가 됐다. 대경대 학생들과 정도 많이 들었는데 헤어져야 한다. 내년 새 학기에 다시 만날 터. 오늘도 힘차게 새벽을 연다. 그래서 '새벽을 여는 남자'일까.

Chapter 7

일상행복 철학자 오풍연

복권 대신 꽃을 사보세요. 소소한 일상 속에 작은 행복이 있습니다. • 혜민스님

오풍연, 하루하루를 즐기다

솔직히 부러운 게 없다.
세끼 밥 먹고 건강하니 그만이다.
자리에 대한 욕심도 버린 지 오래다.
그저 하루하루를 즐기는 나는 일상행복 철학자다.

여의도 맛집들

금강산도 식후경이라고 했다. 여의도에도 더러 맛집이 있다. 직장인이 많이 이용하는 만큼 음식점마다 특색이 있다. 자주 이용하는 서너 곳을 소개한다. 오리전골로 유명한 산삼골. 여의도 백화점 7층에 있다. 나는 오리도 좋아하지만 요즘은 전복돌솥밥을 주로 먹는다. 모시고 가는 분들이 모두 맛있다고 칭찬한다. 전복 내장으로 만든 소스가 일품이다. 여 사장님과 호주 유학을 다녀온 큰 따님이 개발했단다. 여의도 백화점 건너편 대동문의 어복쟁반도 맛깔스럽다. 무교동 남포면옥에 뒤지지 않는다. 특히 육

수가 맑고 시원하다. 월드비전 지하에 있는 우담은 김치찌개로 유명하다. 저녁엔 삼겹살도 좋다. 콘래드호텔 내 이태리 식당인 아트리오에도 종종 간다. 본토 맛을 즐길 수 있다. 피자, 스파게티가 주 메뉴. 아트리오는 직원들도 무척 친절하다. 너무 잘 대해줘 가기 민망할 정도다. 갈 때마다 후식과 커피를 서비스로 제공한다. 천장 높이도 5층이나 돼 실내 분위기는 최고다. 여의도에 오시면 한 번쯤 들러보시라.

역발상과 철학

내가 좋아하는 말 중의 하나가 역발상이다. 끊임 없이 시도하고 있는 바이기도 하다. 그냥 그대로는 변화를 이끌 수 없다. 획기적이어야 바꿀 수 있다. 역발상은 그래서 필요하다. 발상의 전환이 바로 그것이다. 나는 원칙을 중시하되, 틀을 깨려고 부단히 노력한다. 이른바 격식파괴다. 내가 쓰고 있는 掌篇 에세이도 그렇다. "그게 글이냐"고 할 사람들이 적지 않을 터. 무엇보다 분량이 아주 짧기 때문이다. 읽고 생각하려다 보면 끝난다고 한다. 한 권에 200여 개의 에세이가 실리니 그럴 만도 하다. 하지만 나는 이 틀을 깰 생각은 없다. 언젠가는 나의 短文이 빛을 볼지도 모른다는 기대감을 접지 않고 있다. 그러려면 꾸준해야 한다. 이 또한 역발상이라고 할 수 있다. 새벽 두 시 기상도 같은 맥락이다. 오늘의 나를 만들어준 생활습관이다. 누가 뭐라고 한들 바뀔리 없을 것이다. 그렇다고 이단아는 아니다. '오풍연식 개똥철학'이라는 표현이 가장 적합할 듯싶다. 꼭 자기만의 철학이 필요하다. 그런데 개념 없이 사는 사람도 적지 않다. 내 눈에는 조금 불쌍하게 비친다. 철학을 갖자.

성공의 기준은?

나는 성공한 사람일까. 그렇게 보는 분들도 있는 것 같다. 성공의 기준이 뭔지도 모르겠다. 다만 열심히 살았고, 앞으로도 그렇게 할 생각이라는 점은 말씀드릴 수 있겠다. 성공을 염두에 둬서도 안 된다고 생각한다. 그러면 욕심이 생기기 때문이다. 욕심은 일을 그르친다. 성공하려고 일을 그르쳐서야 되겠는가. 보다 중요한 것은 진정성이다. 얼마나 진실되게 사느냐가 중요하다. 누가 보든, 안 보든 변함이 없어야 한다. 내 자신을 담금질하는 이유이기도 한다. 유식한 말로 신독(愼獨)이라고 한다. 나에겐 새벽이 그 동기를 제공해 준다. 눈을 뜨자마자 전날 일어났던 일을 되돌아본다. 혹시 지나치지나 않았는지, 남을 섭섭하게 한 일이 있는지 살펴본다. 그럼 시행착오를 최소화할 수 있다. 남을 위함이 곧 자기를 위함이다. 그런데 사람들은 대부분 자기 위주로 생각한다. 이기심이 발동하는 것이다. 그렇지 않으려면 절제심을 발휘해야 한다. 자기를 컨트롤할 수 있는 사람은 실패할 확률이 상대적으로 적다. 모든 것은 자기와의 싸움이다. 남탓을 해서도 안 된다는 얘기다. 오늘도 나를 되돌아보는 것으로 이 새벽을 연다.

아름다운 고장, 고창

1박2일간의 남도 여행을 마치고 집에 왔다. 버스 전용노선을 이용할 수 있어 생각보다 빨리 도착했다. 절친인 케이디파워 박기주 의장의 전북 고창 생가에서 하룻밤을 보냈다. 새벽에 일어나 생가 주변을 산책했다. 동백도 막 꽃망울을 터뜨렸다. 고창은 꼭 가보고 싶었던 곳. 볼거리, 먹거리가 최고였다. 조그만 군 단위에 명소가 많았다. 고창읍성, 미당문학기념관, 선운사를 둘러봤다. 한옥마을도 숙박 시설로 손색이 없었다. 그밖에도 명소가 많은데 다 보지 못했다. 다음 기회를 이용해야 할 것 같다. 박 의장은 고창이 낳은 재계 인사. 한국 경제의 5%를 책임지겠다고 한다. 그가 반드시 그 꿈을 실현하리라고 본다. 춘천 카이로스에서 꿈이 영글고 있다. 특허만도 1000여 개를 가지고 있다. 중소기업에서 이만큼의 성과를 내기란 쉽지 않다. 박 의장이기에 가능한 일. 겸손은 그가 지닌 최고 무기. 그래서 더욱 존경받는다. 박 의장 같은 기업인이 많이 나와야 한다. 남도 여행은 정말 추억에 남을 듯하다. 언제 또 갈지 모른다. 오늘 밤도 행복할 것 같다.

비움의 미학

아내의 동기이자 나에게도 대학 후배인 한 친구가 오늘 저녁 전남 순천에서 사무실 개소식을 한다. 내년 4월 총선을 앞두고 워밍업을 하기 위한 것. 정치 입문이 그의 꿈이다. 쉽지 않은 결정일 터. 특히 순천은 정치 지형이 복잡하다. 호남에서 유일하게 새누리당 의원을 배출한 곳이다. 이정현 의원의 지역구. 이 의원은 거의 지역구에서 살다시피 하며 표밭을 다지고 있다. 아마 한국에서 가장 부지런한 국회의원이라고 해도 과언이 아닐 것이다. 당내 공천도 문제지만, 설령 공천을 받는다 하더라도 막강한 이 의원과 맞붙어야 한다. 어차피 정치는 승자가 있으면, 패자가 있기 마련이다. 이 의원이 기적을 이뤘듯 그 친구도 그런 역사를 쓰지 말란 법은 없다. 재미있는 게임이 될 것 같다. 나 역시 정치 입문을 권유받은 적이 있다. 10년도 넘었다. 그때 받아들였더라면 지금쯤 어떻게 됐을까. 금배지, 아니면 백수 둘 중의 하나의 일 것이다. 정치는 그만큼 위험도 따른다. 정치를 할 생각은 추호도 해보지 않았다. 금배지엔 관심이 없다. 다만 고향(충남 보령) 시장은 생각이 있지만, 그 또한 기회가 올 리 없다. 고향을 위해 한 일이 없기 때문이다. 나는 지금 이대로가 좋다. 글 쓰고,

강의하고, 가끔씩 주례 봉사하고. 할 수만 있다면 평생 이 길을 걷고 싶다. 마음을 비운 까닭일까. 비움의 미학을 생각해 본다.

센이 보고 싶다

오늘 새벽은 왠지 허전하다. 옆구리가 빈 것 같다. 내 옆에서 재롱을 떨던 애견 '센'이 보이지 않기 때문이다. 센은 처제네가 키우는 개. 얼마나 예쁜지 모른다. 처제 부부의 일이 바빠 우리 집에 와 있는 시간이 더 많다. 그래서 우리 네 식구와도 정이 많이 들었다. 식구들은 정말 잘 알아본다. 밖에서 발자국 소리만 들려도 현관 앞에서 기다린다. 그리고 문을 열고 들어오면 좋아서 껑충껑충 뛴다. 오히려 사람보다도 낫다고 할까. 출근할 때도 꼭 현관까지 나와 나를 배웅한다. “절”하고 시키면 넙죽 엎드려 절을 한다. 애견을 키우는 맛일 게다. 새벽에 사과도 나와 함께 먹는다. 사과를 깎으면 자다가도 뛰쳐나와 앉아서 기다린다. 사과를 주면 아삭아삭 씹어 먹는다. 그 소리 역시 귀엽다. 그런 놈이 안 보이니 허전할 수 밖에. 놈은 11살. 사람 나이로 치면 60쯤 된다고 할까. 여전히 미모(?)를 자랑한다. 암놈이다. 며칠 뒤 다시 올 터. 오늘 새벽엔 더 보고 싶다.

나는 초긍정주의자

솔직히 부러운 게 없다. 세 끼 밥 먹고 건강하니 그만이다. 더 이상 바라지도 않는다. 자리에 대한 욕심도 버린 지 오래다. 지금 상황에 만족하고, 고마울 뿐이다. 그래서 최선을 다한다. 불평을 하기 시작하면 끝이 없다. 대신 자신감과 배짱이 있어야 한다. 긍정적이어야 가능하다. 나는 초긍정주의자라는 말을 종종 듣는다. 부인하지 않는다. 내 입에서 '노'라는 말이 거의 나오지 않기 때문이다. "예스" 아니면 "한 번 해보자"라고 한다. 기자 스터디에서도 그것을 강조했다. 2기부턴 '자신감' 스터디로 아예 문패를 바꿨다. 내 삶은 도전의 연속이다. 누구도 걷지 않은 길도 마다하지 않는다. 내가 갈 길이라면 그대로 고다. 여러 가지 일을 할 수 있는 이유인지도 모르겠다. 70까진 현역으로 뛰고 싶다. 내가 원한다고 될 일은 아니겠지만 가능하리라고 본다. 그러려면 부단히 노력해야 한다. 대충대충 하면서 되는 일은 없다. 끝장을 보겠다는 각오가 있어야 한다. 나부터 실천해야 함은 물론이다. 오늘 새벽도 힘차게 출발한다.

봉지 커피

정말 커피를 좋아한다. 눈을 뜨자마자 가장 먼저 찾는 것도 커피다. 그것도 봉지 커피. 프림과 설탕이 들어 있어 몸에 좋지 않다고 하지만 찾게 된다. 습관 때문이다. 요즘 많이 줄이긴 했어도 하루 4~5개는 마신다. 즐겨하던 술도 끊고 보니 커피가 유일한 벗이 됐다. 특히 나에게 새벽 커피는 청량제다. 정신을 더욱 맑게 한다고 할까. 오늘 새벽도 역시 커피와 함께 시작한다. 내가 커피 애호가라는 얘기를 듣고 커피를 선물하는 분들도 있다. 봉지 커피를 사들고 회사에 찾아 온다. 편의점에서 20개 들이 봉지커피 한두 박스를 사온다. 회사에서는 봉지 커피를 먹을 수 없다. 회사 측의 지시로 몸에 해롭다고 봉지 커피를 아예 치워 버렸다. 대신 원두커피를 갖다 놓았다. 달달한 맛이 없어 하루 두세 개 정도 마신다. 오늘 날씨도 좋다고 한다. 어제는 반팔 차림도 볼 수 있었다. 화창한 날씨를 즐기자.

중학교 친구들

중학교 친구 자랑 좀 해야 되겠다. 어제 발표된 군 인사에서 한 친구가 공군 교육사령관이 됐다. 공군 소장으로 있다가 중장으로 진급한 것. 대단한 영광이 아닐 수 없다. 공사 동기 중 제일 먼저 쓰리 스타가 됐다. 워낙 성실하고 겸손한 친구여서 그리 될 줄은 알았다. 중학교 때부터 파일러트가 되겠다고 했던 친구다. 그 친구는 공사에 들어갔고, 전투기 조종사가 됐다. 우리는 대전 중앙중학교 3학년 때 같은 반을 했다. 그 친구를 포함, 다섯 명이 지금도 끈끈한 관계를 유지하고 있다. 또 한 친구는 청와대 경호실에서 처장까지 지냈다. 내가 청와대 출입기자로 있을 땐 경내에서 얼굴을 마주치기도 했다. 그 친구 역시 지금은 공기업 임원으로 있다. 현직 때의 경험을 살려 국가에 더 봉사하라는 기회를 부여받았다고 할 수 있다. 까까머리 중학교 시절이 엊그제 같은데 여기까지 왔다. 50대 중반을 넘어 60을 앞두고 있다. 나머지 두 친구도 대전에서 열심히 살고 있다. 그동안 서로 바쁘다보니까 자주 못 만난 것도 사실이다. 앞으론 좀더 기회가 있을 것 같다.

청라면 향우회

오늘 저녁은 면 향우회에 간다. 서울 대방동 공군회관에서 열린다. 내가 태어난 곳은 충남 보령시 청라면 라원리 400. 아주 한적한 시골 마을이다. 바로 뒤로 성주산, 멀리 오서산이 있다. 제법 높은 산이다. 면 향우회엔 3년 만에 가는 것 같다. 비교적 활발하게 모임이 이뤄지다가 최근 몇 년째 소원했었다. 정확한 연유는 잘 모르겠다. 적극적으로 챙기는 분이 없어서 그랬을 터. 서로 먹고 살기 바빠서 그럴 수도 있다. 나는 그곳에서 초등학교를 졸업하지 않아 소속감이 덜 했던 것도 사실이다. 6학년 올라가면서 대전으로 유학을 떠났던 것. 당시 청라면엔 4개 초등학교와 1개 중학교가 있었다. 지금은 초등학교가 두 개로 줄었다. 인구가 줄었기 때문이다. 청라면은 전형적인 농촌 마을이다. 고향에 가까운 친척은 없다. 모두 도회지로 떠났다. 어머니, 아버지 두 분의 산소만 있다. 내가 태어난 집이 남이 있긴 하나 다른 분에게 넘어갔다. 고향엔 성묘하러 1년에 한두 차례 간다. 벌초할 때는 반드시 참석한다. 고향 분들과의 만남에 지금부터 설렌다. 행복한 하루가 될 것 같다.

자신감과 도전정신

돈이 없어도 지식과 정보를 얻을 수 있는 세상이다. 내가 인터넷 강의를 하고 있는 '이즌잇'도 무료 강좌다. 50여 개의 강좌가 있다. 네이버 이즌잇 카페에 가입한 뒤 수강 신청만 하면 된다. 네이버 회원이면 누구나 가능하다. 그런데도 강의를 들으려 하지 않는다. 귀찮아서 그럴까. 강의를 신청해 놓고도 듣지 않는 수강생도 적지 않다. 모두 성의가 부족한 탓이다. 기왕 강의를 들을 것이라면 열심히 해야 한다. 그래야 한 가지라도 소득을 얻을 수 있다. 내기 이즌잇 측의 강의 요청에 흔쾌히 수락한 것도 무료 강좌여서 그랬다. 말하자면 재능 기부를 한 셈이다. 젊은이들에게 자신감과 도전정신을 불어넣어 주는 것이 목적이다. 요즘 젊은이들은 너무 나약하다. 의지도 박약하다. 젊은이여, 꿈과 희망을 잃지 말라.

바보예찬

대인관계에서 가장 중요한 덕목은 뭘까. 상대방에 대한 배려 아닌가 싶다. 그러나 사람들은 대부분 자기 위주로 생각하고 행동한다. 모두 이기심 탓이리라. 직장 생활을 하다보면 의외로 아랫사람에게 함부로 대하는 사람들이 많다. 이들에게서 배려심이라곤 찾아볼 수 없다. 그러면서 윗사람에겐 절절 긴다. 이중인격자라고 할 수 있다. 배려는 관심과 함께 자기 희생도 뒤따른다. 양보의 미덕도 필요하다. 입장을 바꿔 놓고 보면 답이 나온다. 내가 싫으면 상대방도 싫다. 나는 잔소리를 가장 싫어한다. 대신 남에게도 잔소리를 하지 않는다. 그래서 누구와도 크게 싸우거나 다퉈본 적이 없다. 내가 먼저 양보하면 되기 때문이다. 바보 아니냐는 소리도 자주 듣는다. 뻔히 손해볼 줄 알면서 왜 그런 행동을 하느냐는 것. 그러나 막판 진정한 승자는 바보가 차지한다. 진정성이 뒷받침해 주는 까닭이다. 오늘도 바보예찬을 해 본다.

<평범한 일상>

3월 셋째 주의 시작을 알린다. 이젠 추위도 다 지나갔을 터. 새봄을 맞는다. 겨울 잠에서 깨어나 기지개를 활짝 켜자. 금요일부터 어제까지 사흘 동안 쉬었다. 원래 토, 일요일 휴무인데 금요일 근무를 바꿔 내리 쉬게 된 것. 휴가 같은 기분도 들었다. 그런 만큼 이번 주는 열심히 일을 해야 한다. 똑같은 일이 반복된다. 신문사에 출근해 사설과 칼럼을 쓴다. 그리고 목요일엔 대구에 내려가 강의를 한다. 두 가지 일을 할 수 있는 것이 나에겐 큰 축복이다. 특히 대학생들을 볼 수 있어 좋다. 나는 가르침을 주는 대신 그들에게서 젊은 기운을 받는다. 내 강의를 듣는 학생은 180여 명. 오전 100명, 오후 80명이다. 여학생이 압도적으로 많다. 연예매니지먼트, 피부미용과 등 예능과목이어서 그렇다. 그들은 참 발랄하다. 자기들이 하고 싶은 공부를 해서 그럴 게다. 페친들도 희망찬 한 주 되시라.

신체 나이

솔직히 주말에는 더 자고 싶다. 그런데 평일과 똑같이 일어난다. 오늘 새벽도 1시 30분 기상. 그렇다면 새벽을 즐겨야 한다. 어제 운동을 해서 피곤할 법한데 기상 시간은 변함없었다. 골프장에서 체성분 분석을 해 보았다. 기구에 올라가 체중과 신장 등을 써 넣고 검사하면 결과가 나온다. 내 나이는 56세. 그런데 신체 연령은 48세로 나왔다. 종합 평가는 더 재미있다. "고객님은 바디빌더와 비슷한 몸을 가졌습니다. 체중이 나가면서 근육질인 사람은 주로 선수들에게 많습니다." 체지방이 적정보다도 적고, 근육량은 적정보다 많았다. 부위별로는 왼팔, 오른팔, 몸통, 왼다리, 오른다리 모두 적정보다 높은 발달로 나왔다. 곰곰히 생각해 보았다. 열심히 걸은 결과인 듯하다. 거의 하루도 빠지지 않고 새벽마다 8km 가량 걸었다. 실제로 내 종아리 근육을 보면 운동선수 같다. 물론 요즘은 의사의 권고에 따라 운동 시간을 조금 줄였다. 하루 6km 정도 걷는다. 외부 특강을 할 때도 걷기를 권장한다. 나 역시 걷기 효과를 톡톡히 봤다. 그동안 나를 괴롭혔던 역류성 식도염, 위염 등이 싹 나았다. 이제는 걷기 전도사를 자임한다. 가장 돈 안 들이고 할 수 있는 운동이 걷기다. 따로 옷을 준비하지 않아도 된다. 운동화만 있으면 오케이. 오늘 날씨도 좋단다. 산책이라도 하시라.

반창회

대전고 3학년 8반 반창회를 했다. 1979년 졸업, 36년만에 처음 본 친구도 있었다. 살아 있으니 이처럼 만난다. 오래 살아야 할 이유랄까. 모두 12명이 참석했다. 무교동 남포면옥에서 만났다. 3개월에 한 번씩 만나는 모임이다. 대학 졸업과 동시에 만든 모임. 지금껏 명맥을 유지해 오고 있다. 졸업 당시 대전고는 전체 12반. 이과 7반, 문과 5반이었다. 우리 반은 문과. 가장 잘 모이는 반으로 정평 나 있다. 연락책을 맡은 한 친구의 헌신이 있어 가능했다. 처음에 비해 참석자가 갈수록 늘어나고 있다. 역시 고교 친구가 좋기 때문이다. 아직 현역에서 활동하는 친구들이 많다. KB카드 사장, 금융감독원 회계담당 부원장보도 8반 출신이다. 교수가 가장 많다. 어림잡아 20명쯤 된다. 부사장급 대기업 임원도 두세 명. 기자는 나를 포함, 3명이다. 나는 대구 강의 때문에 2차를 가지 않고 집에 왔다. 가까운 친구 사이라도 예를 갖추어야 한다. 그래야 오래 만날 수 있다. 유쾌한 저녁이었다.

최상현 교장 선생님

내일 또 한 분의 貴人을 만난다. 대전 가오고 최상현 교장 선생님. 지난해 페친 관계를 맺지 않았나 싶다. 나와 고향도 이웃이다. 그분은 충남 청양, 나는 충남 보령이다. 돌아가신 어머니 친정이 청양이기도 하다. 아직 뵙지는 못했지만 굉장히 훌륭한 분으로 여겨진다. 전화 통화에서도 그것을 느낄 수 있었다. 성품도 온화하실 것 같다. 대구서 강의 마치고 올라오다 대전서 내려

최 선생님을 뵙기로 약속했다. 학교도 구경시켜 주신단다. 대전 역에도 차를 가지고 직접 나오시겠다고 했다. 그냥 택시를 타고 가도 되는데 폐를 끼치는 것은 아닌지 모르겠다. 어쨌든 반가움이 앞선다. 나보다는 세 살 위. 바로 위 친형님과 동갑이다. 앞으로 형님처럼 모실 생각이다. 인연의 소중함을 다시 한 번 느낀다. 오늘 새벽 역시 상쾌하다.

봄은 온다

초저녁에 잤더니 12시도 되기 전에 일어났다. 오늘 아침은 춥단다. 꽃샘 추위. 서울 영하 7도까지 내려간다고 한다. 언론에서는 9년 만의 추위라고 떠든다. 어제 오후부터 찬바람과 함께 기온이 뚝 떨어졌다. 어제 점심 무렵 아내가 회사엘 찾아왔다. 뜻밖의 방문에 나도 깜짝 놀랐다. 외투를 싸 가지고 왔다. 아침에 출근할 때 외투를 안 입고 나왔다. 오후부터 기온이 내려간다고 했지만, 포근해서 그냥 양복 차림으로 출근했다. 그런데 오후 들어 기온이 뚝 떨어지기 시작했다. 아내가 외투를 안 가져왔더라면 퇴근할 때 떨 뻔했다. 이런 것이 우리나라 아내들의 마음이다. 남편이 감기에 걸릴까 봐 걱정돼 옷을 가져왔단다. 아내는 논설위원들이 나눠 먹으라고 호두과자도 사 왔다. 덕분에 간식으로 잘 먹었다. 어제 아내의 행동은 박수를 받을 만했다. 그래서 칭찬을 해 주었다. 아울러 호두과자를 맛있게 먹었다는 동료들의 고마움도 전했다. 내일까지 춥고 모레 오후부터 풀린다고 한다. 그래도 마음만큼은 따뜻하게 하자. 봄은 온다.

건강 과민증

자라 보고 놀란 가슴 솥뚜껑 보고 놀란다는 속담이 있다. 어제 내가 그랬다. 며칠 전부터 오른쪽 귓속이 아파 회사 근처 이비인후과에 들렀다. 귀도 화끈거렸다. 지난 달 초 입원을 경험했던 터라 겁도 났다. 또 병원 신세를 지면 어찌하나. 그래도 병원을 찾았다. 이비인후과에도 손님이 적지 않았다. 내 차례가 와 진료실로 들어갔다. 의사 선생님께 자초지종을 말씀드렸다. 양쪽 귀를 모두 들여다 보았다. 결론은 아무 이상이 없다는 것. 지극히 정상이라고 말했다. 약도 필요없다고 했다. 최근 치과 치료 때문일 거라고 했다. 얼마나 안도했겠는가. 고맙기 짝이 없었다. 찜찜해 하면서 혼자 고민하면 안 된다. 무조건 병원을 찾아 상담을 받아야 한다. 병을 키우면 안 되기 때문이다. 그러나 자가 진단하는 사람들이 많다. 설마가 사람 잡는 법. 나이들수록 병원과 가까이 하라고 했다. 일부러 갈 필요는 없지만 이상 있다 싶으면 바로 가야 한다. 이제 몸이 100% 정상으로 돌아왔다. 오늘 즐거운 마음으로 대구에 강의갔다가 올라올 수 있을 터. 신나게 하루를 출발한다.

禁酒 이후

금주를 선언한 뒤로 생활에 큰 변화가 왔다. 그동안에도 저녁 약속은 가급적 안 했지만, 최근엔 거의 안 하고 있다. 꼭 필요한 약속만 얼굴을 비춘다. 무엇보다 나 때문에 분위기가 깨지는 것을 원하지 않는다. 술은 주거니 받거니 해야 흥도 난다. 다른 것은 몰라도 술의 주도권(?)을 잡아온 나다. 잘 마시던 사람이 술을 사양하면 판이 깨진다. 그래서 저녁 자리를 마다하고 있다. 하지만 오늘 저녁은 참석한다. 지하철 9호선 사장님, 대통령 전 주치의님과 셋이서 하는 자리다. 오랫동안 만나왔다. 나에겐 두 분 다 형님뻘. 입지전적인 인물들이다. 배울 점도 많다. 염창동에서 새조개를 먹잔다. 요즘 서해에서 나는 새조개는 별미. 벌써부터 군침이 돈다. 좋은 분들과의 저녁 식사. 페친들도 즐거운 시간 보내시라.

1인 4역

새 학기 시작과 함께 조금 더 바빠지게 됐다. 당장 내일부터 대구에 내려간다. 앞으로 15주 동안 매주 목요일 대구를 왕복해야 한다. 그래도 학생들을 만날 수 있다는 것이 즐겁다. 나만이 누리는 행복이랄까. 신문사 논설위원이 본업임은 말할 것도 없다. 국민건강보험공단 공식 블로그에도 고정 칼럼을 연재한다. 한 달에 두세 번 쓴다. 올해부턴 인터넷 강사도 추가됐다. 지금 진행하고 있는 '오풍연 선생님 기자 스터디'이다. 수강생들과도 소통을 활발히 하고 있다. 그래서 논설위원, 초빙교수, 칼럼니스트, 인터넷 강사 등 1인 4역을 해야 한다. 우리 또래는 이제 회사를 정리할 나이이다. 정년퇴직, 명예퇴직, 특별퇴직 등으로 하나 둘씩 회사를 나온다. 서글픈 일이다. 어느 곳에서도 인생 2막을 환영해주지 않는다. 그것을 감수하고 살아야 한다. 그럼 어떻게 해야 할까. 자기 스스로 경쟁력을 키울 수밖에 없다. 그래야 설 땅이 생긴다. 하지만 길이 있다. 최선을 다하면 틈이 보인다. 그 틈새를 파고 들어가야 한다. 그런 다음 진인사대천명. 희망을 잃지 말자. 솟아날 구멍은 있다.

몸이 돈을 달라는데

몸이 자꾸 돈을 달란다. 어젠 오른쪽 어금니가 시려 같은 건물에 있는 치과를 들렀다. 이빨이 부서지고, 충치까지 먹었단다. 먼저 X-레이를 찍었다. 다행히 이를 뽑을 정도는 아니었다. 충치 치료를 하고 씌워야 된다고 했다. 치과 치료는 아프기도 하지만 단가가 비싸다. 이빨 하나를 씌우는 데 60만 원, 물론 가장 좋은 재료를 쓸 경우다. 20%를 DC 받아 치료비까지 48만7000원을 계산했다. 솔직히 큰 돈은 아니지만 부담스럽다. 월급쟁이들에게는 대부분 그렇다. 보험도 적용되지 않는다. 이달 들어서만 두 번째 병원을 이용했다. 초에는 다리가 아파 2박 3일간 병원 신세를 지기도 했다. 그 때도 적잖이 병원비를 계산했다. 사실 제때 치료를 받지 못하면 오래 고생하고, 죽을 수도 있다. 옛날 어른들 말이 하나도 틀리지 않다. 아플 것을 대비해 돈을 모아 놓아야 한다고. 무엇보다 병은 빨리 치료할수록 좋다. 그래야 고생도 덜 하고, 병원비를 아낄 수 있다. 치과에서도 더 늦기 전에 잘 왔다고 했다. 오늘 이빨 본을 뜬다. 거듭 말하지만 병원과 가까이 해서 나쁠 것은 없다. 내 몸은 내가 관리해야 한다.

술, 고운 추억으로 간직하련다

2월 2일 막걸리를 마신 뒤 술은 일절 입에 대지 않았다. 그다음날 입원했다가 사흘 만에 퇴원했다. 급성 통풍이 왔던 것. 지금까지 그렇게 아파본 적이 없었다. 의사의 권고도 있었지만 내 스스로 금주를 선언했다. 이틀간 병원 침대에 누워 생각을 해 보았다. 술 이외에 원인을 찾아볼 수 없었다. 과식도 않고, 운동도 꾸준히 했다. 그런데 입원이라니. 한마디로 큰 충격을 받았다. 그래서 이참에 술을 끊기로 결심했다. 술을 마시지 않는다고 사회생활에 지장을 받진 않는다. 술은 핑계일 뿐. 그동안 술을 정말 많이 마셨다. 40년은 마신 것 같다. 수없이 절주를 다짐했건만 솔직히 못 지켰다. 이번 입원이 그 계기를 만들어 주었다. 오히려 고맙다고 하는 것이 옳을 듯싶다. 술에 관한 에피소드도 많다. 고운 추억으로 간직하련다.

그저 감사할 뿐

떡국도 한 그릇 더 먹었으니 이제 만 55세다. 마음은 여전히 청춘인데 직장을 정리할 나이다. 대부분의 직장이 만 55세를 전후로 퇴직한다. 올해는 나와 같은 60년생이 그 대상이다. 조금은 슬프게 느껴진다. 할 일이 더 있는데 나가라니. 그만큼 세월이 빠르다는 얘기다. 자식들도 채 여의지 못할 나이다. 빡빡하게 살다보니 벌어놓은 여윳돈도 있을 리 없다. 집 한 채, 자동차 1대, 약간의 예금 정도일 터. 국민연금도 7년 뒤에나 받는다. 그때까지 무엇을 하라는 얘기인가. 나는 그래도 나은 편. 촉탁직으로 있기 때문에 자유롭다. 따라서 정년을 신경 쓸 필요는 없다. 대신 그만두라고 하면 언제든지 나가야 한다. 그럴 준비는 항상 되어 있다. 신문사 논설위원도, 대학 초빙교수도 마찬가지다. 하지만 그만두는 날까지 최선을 다할 생각이다. 두 직장에 대해 감사한 마음은 잊지 않고 있다. 나에게 일터를 제공해 주고 있기 때문이다. 직장을, 일터를 사랑하자.

정월 초하루

대전에서 정월 초하루 새벽을 맞이한다. 내가 중,고등학교를 나온 곳. 1979년 졸업과 함께 서울로 올라갔다. 명절과 부모님 제사 때마다 내려온다. 1년에 서너 차례. 하루 이상 머문 적은 거의 없다. 명절 전날 내려와 하룻밤 자고 차례를 지낸 뒤 바로 올라간다. 오늘은 평소보다 더 빨리 귀경한다. 표가 없었기 때문이다. 오전 10시 11분 KTX다. 무엇보다 올 한해는 건강했으면 한다. 몸만 성하면 못 할 일이 없다. 올해도 여러 가지 일이 나를 기다리고 있다. 기자라는 본업 이외에 대학 초빙교수, 인터넷 강사, 외부 칼럼니스트, 작가 활동을 병행해야 한다. 행복한 고민일까. 어쨌든 열심히 살 생각이다. 모든 분들이 만사형통하길 빈다.

멋진 노후

오늘은 새벽부터 기분이 좋다. 1시 10분 기상. 거실에서 자고 있는 아내를 깨워 안방으로 들여보냈다. 나와 교대를 한 셈. 신문도 일찍 제작을 한다. 기사 마감도 오전. 이후부터는 자유시간이다. 집에도 평소보다 빨리 들어올 터. 모레 떡국을 먹으면 만 55살이 된다. 나이를 적잖이 먹었다. 옛날 같으면 담뱃대를 물고 사랑방을 차지할 나이다. 그런데 지금은 몸도, 정신도 젊다. 물론 애들 눈에는 그렇게 비치지 않을 것이다. 여전히 현직에 있어 고마울 뿐이다. 우리 또래는 직장을 정리할 나이. 정년퇴직, 명예퇴직, 특별퇴직 대상이다. 말하자면 찬밥 신세. 나이는 어쩔 수 없다. 연공서열을 중시하는 우리나라는 대개 나이를 기준으로 한다. 그렇다고 거꾸로 먹을 수도 없는 것이 나이다. 멋진 노후. 생각만 해도 가슴이 벅차다. 그 날을 위해 오늘도 열심히 뛸 참이다.

고로쇠 물

뜻밖의 선물을 받게 됐다. 남도 지방에서 올해 처음 내려받은 고로쇠 물. 아내의 대학 동기가 나를 위해 보내준 것. 통풍으로 입원했다 퇴원했다는 소식을 듣고 보냈단다. 그런데 정작 받지를 못했다. 아파트까지는 배달된 것 같은데 분실사고가 난 듯하다. 그래서 그 친구에게 인사도 못 건넸다. 고로쇠 물을 다시 보내주겠다고 했다. 아내 친구도 나에겐 대학 후배. 고향 순천에서 좋은 일을 하고 있다. 영농 후계자로서 지역 사회를 대변한다고 할까. 25년째 고향을 지키고 있단다. 대학을 졸업한 뒤 시골행을 선택한다는 것이 쉬운 결정은 아니었을 터. 얼마 전 페친도 됐다. 아내가 전화를 바꿔줘 인사는 나눴다. 고마운 마음을 전한다.

수면 강의

낮잠은 거의 자지 않는 편이다. 소파에서 잠깐 졸긴 해도 누워 자지는 않는다. 그런데 낮잠을 두 시간 가까이 잤다. 잠이 보약이라던가. 기분도 좋다. '잠의 미학'. 내가 한 번 붙여본 말이다. 잠을 못 자 고생하는 사람들이 무척 많다. 약물에 의존하기도 한다. 나도 한때는 불면증 때문에 고생한 적이 있다. 사흘 동안 못 자기도 했다. 병원에 가서 상담도 여러 번 받았다. 잘 자려면 강박관념을 버려야 한다. 잠을 못 자서 죽는 일은 없다. 편안한 마음가짐이 우선이다. 몇 해 전부터 수면 습관이 바뀌었다. 초저녁 잠이 많아진 것. 졸리면 시간에 구애받지 않고 그냥 잔다. 8시쯤 자는 경우도 있다. 새벽에 일찍 일어나는 이유다. 평균 네 시간 자고 일어난다. 달게 자기 때문에 피곤하진 않다. 새벽녘 또 졸리면 드러눕는다. 억지로 안 잘 필요는 없기 때문이다. 이러다간 '수면강사'로 나설지도 모르겠다. 오풍연 '수면' 강의.

30년은 더 살고 싶다

나에게 분명한 목표가 하나 더 생겼다. 2045년까지 사는 것. 웬 뚱딴지 같은 소리를 하느냐고 물을지도 모르겠다. 어제 카드사로부터 우편물을 받았다. 거기에 두 장의 카드가 들어 있었다. 하나는 신용카드, 또 하나는 하이패스 카드. 신용카드는 유효기간이 5년이다. 그러나 하이패스 카드는 무려 30년이었다. 눈을 씻고 다시 봤다. 5년 전 차를 바꿀 때 받았던 하이패스 카드의 유효 기간은 5년짜리 였다. 고객의 편의를 위해 이처럼 바꾼 듯하다. 5년마다 바꿀 필요가 없으니 카드사도, 고객도 좋을 터. 뭐든지 소비자, 즉 고객 입장에서 생각할 필요가 있다. 나 말고 다른 사람들도 카드를 받고 비슷한 느낌을 받았을 것 같다. "그때까지 살 수 있을까." 그러려면 건강해야 한다. 하이패스 카드도 바로 바꿔 끼웠다. 그때까지 살려고.

검찰은 내 친정

나는 검찰을 친정이라고 부른다. 수습기자 딱지를 떼고 처음 출입한 곳이 검찰. 1986년 12월 입사해 9개월간 수습기간을 거쳐 1987년 9월부터 출입했다. 말하자면 5共 기자인 셈이다. 당시 법원과 검찰 간부들 가운데는 고인이 된 분들도 많다. 세월이 그만큼 흘렀다는 얘기. 황교안 법무장관 동기(사법시험 23회)들은 군 법무관을 마친 후 1987년 3월 임관했다. 나보다 6개월 정도 빠르다. 김진태 검찰총장 동기(사시 24회)들은 이듬해 3월 임관했으니 나보다 늦다. 그래서 나는 농담으로 23.5기라고 한다. 검찰과의 인연은 12년. 출입기자로 9년, 법무부 정책위원을 3년 했다. 애정을 갖는 이유이기도 하다. 나머지 기간은 정치부에 쭉 있었다. 지금 정치담당 논설위원을 하고 있지만 마음의 고향은 법조. 검찰이 잘되기를 빈다.

병원과 친해져라

병원에서 퇴원한 후로 운동도 삼가고 있다. 이 역시 푹 쉬라는 의사의 권고를 받아들인 것. 만의 하나 운동이 원인이었다면 쉬는 것이 옳다. 꾸준히 하던 걷기조차 안 하니까 몸이 좀 쑤신다. 걷기 운동은 거의 유일한 취미이기도 했다. 그래서 걷기는 포기할 수 없다. 몸을 더 완벽하게 만든 뒤 다시 할 생각이다. 지금 몸의 상태는 예전의 95% 정도. 오늘 외래진료를 받는 날이다. 의사의 얘기를 듣고 판단하려고 한다. 이번에 병원의 고마움을 절실히 느꼈다. 왼쪽 발은 한 발짝 뛰지도 못했는데 걸어서 나왔으니 말이다. 우리 방 논설위원들도 나를 보고 신기해 한다. 그만큼 상태가 좋지 않았다는 얘기다. 그러면서 한마디씩 한다.

"병원이 좋긴 하구나." 그렇다. 아프면 빨리 병원에 가야 한다. 하루 이틀 미루다 오래 고생할 수도 있다. 그런데도 병원 가기를 꺼려하는 사람들이 많다. 병을 절대로 키우면 안 된다. 나이 들면서 병원과 친해져라는 말, 허투루 듣지 말라.

검소한 회장님

우리 부부에게 친부모님과 같은 분이 계시다. 얼마 전까지도 중소기업을 운영하셨던 오성호 회장님 부부. 물론 아들 녀석에게는 할아버지, 할머니 같다. 오 회장님을 처음 뵌 것은 1992년. 회장님은 올해 77세. 만 23년째 만남을 이어오고 있다. 지금 28살 된 녀석이 초등학교, 중학교, 고등학교, 대학교 들어갈 때마다 교복 등 선물을 챙겨주시기도 했다. 친할머니, 할아버지도 그렇게 하기 힘들다. 회장님은 정말 존경할 만하다. 무척 검소하시다. 그리고 경우가 밝으시다. 시내 나들이할 때는 지하철 등 대중교통을 이용하신다. 우리 가족도 가끔 불러 맛있는 음식을 사주신다. 오늘도 여의도 한 음식점에서 회장님을 뵙기로 했다. 항상 부부동반이다. 아내도 회장님과 사모님을 굉장히 좋아한다. 회장님 내외는 아내를 며느리 이상으로 예뻐하신다. 보통 나는 근무 때문에 먼저 들어오고 셋은 남아서 얘기를 더 한다. 올해 두 분을 모시고 여행이라도 다녀오고 싶다. 회장님에게는 출가

한 아들 셋이 있다. 그 친구들도 나를 친형님처럼 따른다. 그렇다면 우리는 집안이다. 기분 좋은 새벽이다.

다시 일상으로

다시 입원 전의 일상으로 돌아왔다. 더 자려고 해도 저절로 눈이 떠진다. 새벽을 즐기는 나에겐 이것이 맞다. 고교 친구 가운데 의사들이 여럿 있다. 통풍이 왔다갔다는 얘기를 듣고 여러가지 조언을 한다. 무조건 푹 쉬란다. 나도 그럴 참. 나의 입원 소식에 친구들도 적잖이 놀라는 눈치다. 그래서 그들을 대신 위로했다. "마실 수 있을 때까지 마시고, 즐겨라." 이것 저것 따지다 보면 인생이 재미없다. 얼마나 동의할까. 오늘 딸을 시집보내는 친구가 있다. 꼭 참석하려고 일정을 비워 놓았는데 의사의 권유를 받아들여 하루 더 쉬기로 했다. 그 친구에게는 퇴원하자마자 미리 양해를 구했다. 당분간 약속도 줄일 계획이다. 몸을 100% 정상으로 만드는 것이 먼저다. 입원 후유증도 조금은 있는 듯하다. 그것이 세상이다.

사람 일 정말 모른다

사흘 만에 집에서 맞는 새벽이다. 역시 집이 최고다. 잠도 훨씬 잘 잤다. 병원에 있는 동안 컴퓨터를 할 수 없어 크게 불편했다. 나는 사진을 올리는 것을 빼곤 거의 컴퓨터를 이용한다. 페친들이 쾌유를 빌어 주었다. 때문인지 일찍 퇴원할 수 있었고, 상태도 많이 좋아졌다. 걸음걸이도 정상으로 돌아왔다. 내일까지 푹 쉬면 근무하는 데도 지장이 없을 듯하다. 이번엔 나도 황당했지만, 많은 지인들도 그랬다. 규칙적인 생활을 하고, 운동도 열심히 하는 내가 입원까지 했으니 말이다. 그러나 사람 일은 정말 모른다. 멀쩡한 사람이 당장 내일 죽을 수도 있기 때문이다. 그래서 오늘 최선을 다해야 한다. 내가 사는 방식이다. 나는 솔직히 미래에 대한 미련이 없다. 그날그날 최선을 다할 뿐이다. 집에서 마시는 새벽 커피도 향이 좋다.

어울려 살자

어제 술을 제법 마셨는데도 몸은 가뿐하다. 평소보다 두 시간 가량 더 잔 탓일 게다. 네 시에 일어났다. 아무것도 첨가하지 않은 생막걸리를 먹었다. 그래서 개운한지도 모르겠다. 보통 전날 술을 마시면 이튿날 머리가 아프다. 좋은 사람들과 한잔 하면 최고. 인생에 낙이 뭐 있겠는가. 어울려 사는 것이다. 내가 초빙교수로 있는 대경대에서 연락이 왔다. 새 학기에는 두 시간 더 강의를 해줄 수 있느냐고 물었다. 지금까지는 1주일에 한 번 내려가 오전 두 시간 한 강좌만 했다. 앞으론 두 강좌 네 시간을 강의하게 됐다. 어차피 대구에 내려가는 데 학생들을 더 만나면 좋지 않겠는가. 그래서 바로 오케이 했다. 내 강의를 신청하는 학생들이 많단다. 그것도 행복. 학생이 없으면 강의를 하고 싶어도 할 수 없다. 더러 학생들이 없어 강좌를 개설했다가 폐강하는 경우도 있다. 이번 학기까지 강의하면 만 3년을 채우게 된다. 이제 교수 티(?)도 제법 난다고 할까. 가르치는 기쁨, 그것도 해본 사람만 맛을 알 수 있다. 어쨌든 나는 행복한 사람이다. 모든 게 고맙다.

왜 이리 아플까

어제도 초저녁에 잤더니 한 시 기상이다. 겨울 밤이 무척 길다. 8시 주말 드라마도 못 보고 잤다. 거의 유일하게 보는 프로그램인데. 잘 때까지만 해도 괜찮았는데 오른쪽 어깨가 다시 아프다. 얼마 전에도 비슷한 증상으로 고생을 한 적이 있다. 무거운 것을 들거나, 힘을 쓴 적도 없는데 쑤신다. 왜 그럴까. 영문을 모르겠다. 누구는 순환기 계통의 이상일 것이라고 한다. 지난 번에는 병원에 가지 않고 나았다. 하루 이틀 지나면 낫곤 했다. 아마도 자세가 나빠 그러지 않을까 생각한다. 그것말고는 없는 듯하다. 오늘은 고등학교 동기가 회사를 방문하기로 했다. 점심도 함께할 참이다. 친구의 방문은 언제든지 환영한다. 따뜻한 차 한 잔, 찌개는 대접할 형편이 된다. 그것만으로도 만족한다. 有朋自遠方來 不亦樂乎라. 오랜만에 문자 한번 읊었다. 좋은 하루 되시라.

오 위원은 먼저 들어가시게

역시 술에는 최면 효과가 있다. 어제 광화문에서 두 선배를 모시고 술 한잔 했다. 삼겹살, 감자탕에 소주. 서민들이 즐기기에는 최고다. 마시다 보니까 소주 6병. 폭탄주도 한 잔씩 했다. 2차는 생략. 선배들이 나를 생각해 주었다. "오 위원은 일찍 자니까 그만하고 들어가지." 두 선배가 택시까지 잡아 주었다. 각각 택시비까지 건네주었다. 이런 호강이 어디 있으랴. 우리나라만 있는 미덕일 터. 선배들께 말씀드렸다. "건강해야 소주라도 오래 먹죠." 두 선배도 동의한다. 소주잔을 함께 기울일 수 있는 분들이 있는 것만으로도 행복하다. 행복을 가까이서 찾자.

행복관

오늘 저녁에도 광화문에 간다. 선배 두 분과 삼겹살에 소주 한 잔 하기로 했다. 오래전 약속을 했다. 그동안 변화도 있었다. 한 분은 회사를 그만두고 쉬고 계시다. 아직 일을 할 수 있는데 부득이 회사를 떠났다. 베이비부머 세대들이 안고 있는 공통의 아픔이다. 아직 혈기 왕성한데 일할 공간이 없다. 그분께도 말씀을 드렸다. "조금 쉬면서 기회를 엿보십시오." 말이 그렇지 기회는 쉽사리 오지 않는다. 그것도 내가 잡아야 진정 내것이 된다. 나도 29년째 직장 생활을 하고 있다. 그런데 지금 더 일할 의욕이 생긴다. 쉬고 싶은 마음은 추호도 없다. 내가 일을 더 벌리는 이유인지도 모르겠다. 당장 2월부턴 인터넷 강사도 된다. 지금껏 경험해보지 못한 새로운 분야다. 젊은 사람들과 경쟁해야 한다. 그러려면 나만의 특화된 상품이 필요하다. 그 첫 번째는 경험이 될 듯하다. 만 28년의 직장 생활. 돈으로 살 수 없는 귀중한 자산이다. 일을 하면서 즐길 수 있다면 최고. 나의 소박한 행복관이다.

여의도 공원

새벽 운동을 안 한 지 한달 가량 된다. 추울 때 아침 운동을 삼가라는 아내의 충고를 받아들였다. 아내의 말을 들어 나쁠 것은 없다. 오로지 남편 잘 되라고 한마디씩 거든다. 대신 낮에 여의도공원을 한 바퀴씩 돈다. 네 시면 어김 없이 사무실을 나선다. 거리로는 4km가 조금 못 된다. 그래도 하지 않는 것보다 나을 터. 물론 토, 일요일에는 예전처럼 한강에 나가 걷는다. 여의도공원을 산보하는 것도 재미가 쏠쏠하다. 사계절을 만끽할 수 있다. 계절의 변화를 몸으로 느낀다. 도심 한복판에 있는 공원이지만 새도 있고, 야생동물도 더러 눈에 띈다. 이런 공원이 있다는 게 큰 축복이자 선물이다. 혼자 걸을 때 제일 많이 생각을 한다. 누구의 방해도 받지 않아 자유롭다. 2월까진 여의도공원을 걷고, 3월부턴 다시 한강에 나갈 참이다. 벌써 새 봄이 기다려진다. 시나브로 계절은 바뀐다.

잠이 보약이다

요 몇 년 사이 가장 오래 잔 것 같다. 어제는 새벽부터 몸이 찌뿌듯했다. 천근만근 무거웠다. 그런 적이 거의 없었는데 커디션도 안 좋았다. 두시 반에 깼다가 아침 7시까지 다시 잤다. 그래도 몸이 개운치 않았다. 낮 12시 지인 결혼식에도 얼굴만 비추고 바로 왔다. 점심도 집에서 간단히 먹었다. 낮잠을 잤다. 두 시간 가량 잔 것 같다. 몸이 무겁기는 마찬가지였다. 왜 그런지 영문을 몰랐다. 이런 때는 수면이 보약. 저녁을 먹고 주말 드라마를 본 뒤 또 다시 잤다. 9시 30분쯤 잠자리에 들었다가 조금 전 3시에 일어났다. 이제야 몸이 좀 개운하다. 사람 몸은 기계와 다르게 어디 한 군데만 안 좋아도 이상 신호가 온다. 몸이 안 좋을 때는 무조건 쉬어야 한다. 약이 따로 필요 없다. 오늘은 일요 근무. 컨디션을 회복해 다행이다. 아프지 말자.

에스틸 홍보고문

늦게 잔 만큼 늦게 일어났다. 평소보다 두 시간쯤 늦은 3시 30분 기상. 부모님 제사를 모시고 올라와서 그런지 매우 홀가분하다. 지금까지 제사에 참석하지 않은 적은 거의 없다. 2000년대 초반 청와대를 출입할 때 외국에 나가 있어 딱 한 번 빠진 것 같다. 아버지 제사였다. 아버지는 1974년 내가 중학교 2학년 때 돌아가셨다. 오늘 근무하면 또 이틀 쉰다. 내일은 쉬는 금요일. 인천 에스틸 본사를 방문한다. 내가 홍보고문으로 있는 회사다. 김용석 회장님과 점심을 하기로 했다. 에스틸은 올해 도약의 원년이 될 것으로 본다. 인천 북항 근처에 공장을 지어 옮긴다. 인천의 두 개 공장을 하나로 합치는 것. 저녁에는 중앙대 교수로 있는 고교 친구와 부부동반 식사를 하기로 했다. 그 친구가 우리를 초대했다. 기왕이면 부부가 함께 하는 자리가 좋다. 남자들끼리 만나는 것보다 훨씬 부드럽고 이런 저런 얘기도 더 나눌 수 있다. 게다가 집을 왕래하면 금상첨화. 開門萬福來라고 하지 않았던가.

스펙업과의 인연

오늘도 귀한 손님과 점심을 한다. 대학생 취업 카페인 '스펙업'을 운영하는 분들이다. 회원 수만 138만 명. 하루 방문객은 대략 5만~10만 명쯤 되는 것 같다. 대단한 카페다. 그러니 분야 1위는 말할 것도 없다. 두 분이 회사에 오시기로 했다. 나에게 멘토 겸 선생님을 해달란다. 정확한 내용은 만나 보아야 알겠다. 어쨌든 그들과 함께할 것 같은 예감이 든다. 젊은이들에게 도움이 된다면 무슨 일이든 못하랴. 나를 어떻게 알았는지는 정확히 모르겠다. 나를 필요로 하는 분들이 있다는 게 좋다. 사실 지금도 여러 가지 일을 한다. 논설위원, 초빙교수, 작가. 여기에 어떤 잡이 추가될까. 나도 설렌다. 삶이 즐거운 이유다.

靑羊의 해

을미년 첫날이다. 새벽 1시에 하루를 연다. 靑羊의 해라고 한다. 모두 건강했으면 좋겠다. 나의 바람 역시 건강이다. 건강하면 못

할 게 없다. 그런데 오른쪽 어깨가 너무 아프다. 사나흘 전부터 쑤시고 아팠는데 낫지 않는다. 파스를 붙여도 소용이 없다. 이번에도 영문을 모르겠다. 그냥 쑤시고 아프다. 하루 이틀 지나면 낫곤 했는데 오래 간다. 보통 두시까지 자는데 아파서 깼다. 각설하고. 페친들도 좋은 일만 생기기를 빈다. 그러려면 어떻게 해야 할까. 누가 보든 말든 최선을 다해야 한다. 그런 사람에게만 기회가 오는 법이다. 시간을 아껴써야 함도 물론이다. 시간은 마냥 있는 게 아니다. 금쪽 같이 쓰란 얘기다. 올 한 해도 페친들과 함께 할 것을 약속드린다. happy new year!

사과 선물

대학 동창이 집으로 사과 한 상자를 보내왔다. 얼마 전 출판기념회에 왔던 친구가 사연을 듣고 보내온 것. 당시 특강을 하면서 사과 예찬론을 폈었다. "하루 사과 두 개를 먹으면 아내한테 혼납니다. 돈도 잘 벌지 못하면서 두 개씩 먹는다고" 했더니 안쓰러웠던 모양이다. 며칠 전 카톡으로 메시지가 왔다. "친구 주소 알려줘. 사과 한 상자 보낼 테니." 극구 사양했지만 거듭 얘기해서 주소를 알려줬다. 예산에서 친환경 농법으로 키운 사과였다. 씻지 않고 그냥 먹어도 된다고 했다. 어제 당장 1개를 깎아 먹었다. 달콤하고 맛있었다. 요즘은 사과를 아침 식사 대용으로 먹는다. 사과 1개, 커피 1잔으로 해결한다. 말하자면 내 식량을 대주었다고 할까. 그 친구와는 내년 1월에 만나기로 했다. 벗이 있어, 친구가 있어 행복하다.

CEO는 뭔가 다르다

새벽마다 두 곳의 단체 카톡방에도 글을 올린다. 한 카톡방은 10명, 또 다른 곳은 6명이 멤버다. 재미있는 현상을 발견한다. 10명인 카톡방은 나와 같은 보통 사람들. 6명인 카톡방은 전원 CEO다. 소식을 검색한 시간을 보면 큰 차이가 난다. CEO들은 대부분 5시를 전후해 소식을 읽는다. 그러나 일반 사람들은 대충 없다. 읽지 않는 사람도 있고, 늦게 보는 경우가 많다. 이것만 보더라도 성공한 사람들이 부지런한 것을 알 수 있다. 더 많이 일을 하기 때문에 성공한다고 할까. 내가 학생들에게 일찍 일어나라고 강조하는 이유이기도 하다. 하루를 좀 길게 쓰라는 얘기다. 나 또한 조기 기상은 실천하고 있다. 새벽 두 시쯤 일어나기를 10년째. 그럼 성공했느냐고 물을 수 있다. 성공은 아니더라도 열심히 살았다고 말씀드릴 수는 있겠다. 매일 아침 맞닥뜨리는 새벽이지만, 그 새벽이 좋다.

예쁜 변호사들과 저녁

오늘 저녁엔 예쁜 변호사 네 분이 여의도로 오신다. 서초동에서 활동하고 있는 맹렬 여성들이다. 나와 작가 대 독자로 만나는 것. 페친이기도 한 장경아 변호사님이 주선해 내가 초대한 것. 장 변호사님은 『새벽을 여는 남자』 188쪽의 주인공이다. 사실 남자 변호사들은 많이 알고 있지만 여자 변호사는 딱 두 사람만 알고 지내왔다. 또 한 명은 한국여성변호사회 회장을 지낸 김삼화 변호사님. 김 변호사님은 나와 같은 충남 보령 출신으로 대전여고를 나오셨다. 지난 21일 출판기념회에도 오셔서 축하를 해 주었다. 장 변호사님에게서 다른 세 분의 이름을 먼저 건네받았다. 이름들도 참 예쁘시다. 내가 처음 법원, 검찰을 출입할 때만 해도 여성 법조인은 극히 드물었다. 손에 꼽을 정도였다. 그런데 지금은 넘쳐난다. 오히려 남성들을 능가하고 있다. 누군가를 만난다고 하는 것은 좋다. 항상 설렌다. 이번 주도 이렇게 새벽을 연다.

금수강산이 좋다

오늘은 썰렁한 개그로 하루를 시작한다. 엊그제 결혼식장에서 고교 대선배를 뵈었다. 나보다 24년 선배. 우리나라 헌법학의 석학이시다. 아직도 정정하시다. 대학원 강의도 하신다. 그 선배님 친구분이 하신 말씀을 들려줬다. 늙어서 부부가 함께 있으면 '금수강산'이라고 한단다. 노부부가 보기 좋다는 얘기. 그런데 남편은 없고 부인인 할머니만 있는 경우엔 '만고강산'. 남편은 귀찮은 존재와 다름 없다는 말. 사실 여자는 혼자 살아도 크게 불편한 점이 없다. 부인이 돌아가시고 남편, 즉 할아버지만 있는 경우는 무엇이냐고 물었다. '적막강산'이라고 했다. 실제로 집안에 여자가 없으면 쓸쓸하다. 그 친구분은 적막강산 처지라며 신세를 한탄하더라는 것. 그렇다. 부부는 백년해로하는 것이 가장 좋다. 내가 주례를 설 때 강조하는 대목이기도 하다. 하나 더 희망사항이 있다면 남편이 하루라도 먼저 세상을 뜨는 것. 적막강산이 안 되려면….

역발상

내가 사는 방식은 역발상이다. 말하자면 형식을 파괴하는 것이다. 그런 점에서 본다면 이단아라고 할 수 있다. 나 자신은 지극히 정상이라고 생각하는데 남들은 그렇게 보지 않는다. 그럼 앞으로 어찌해야 하나. 지금의 방식을 바꿀 생각은 없다. 행여 다른 사람에게 피해를 주는 것은 아닌지 되돌아본다. 그런 것 같지는 않다. 한 모임에서 대한항공 회항 사건 얘기가 나왔다. 내 나름대로 의견을 밝혔다. 그랬더니 한 지인이 말했다. "형님은 너무 앞서가서 보통 사람이 따라갈 수 없습니다." 꼭 집어서 얘기하지 않았지만 오히려 내가 문제라는 것. 나도 그 지인이 왜 그런 말을 했는지 대충 짐작한다. 조직에선 이 사람 저 사람 눈치를 보지 않을 수 없다는 얘기다. 하물며 오너와 관련되면 그 어느 누구도 나설 수 없다고 했다. 목에 칼이 들어와도 "노"라고 얘기할 수 있어야 한다고 강조한 데 대한 답변이었다. 그럼 당신은 "노"를 할 수 있느냐고 물을 게 뻔하다. 대답은 "그렇다" 이다. 물론 사사건건 노를 하면 안 된다. 일생일대에 "노"는 한두 번으로 끝나야 한다. 오늘 새벽은 "노"에 대한 단상을 정리해 보았다.

18번째 주례 봉사

올해 마지막 주례를 오후에 선다. 친동생처럼 지내는 후배 아들 녀석의 결혼. 나에게도 조카 같은 녀석이다. 지난 달과 이번 달 무려 네 번이나 섰다. 더러 오해하는 사람들도 있다. 부업으로 주례를 서는 것 아니냐고 묻는다. 매주 주례를 서니까 그런 오해를 하는 것도 같다. 거듭 말씀드리지만 봉사로 시작한 주례다. 지인들에겐 축의금도 내고 주례를 선다. 물론 부탁받은 경우엔 그냥 주례만 서 드린다. 누구는 되고, 누구는 안 되고 식의 2분법은 나에게 성립되지 않는다. 시간만 맞으면 누구든지 서 드린다. 식장에 갈 때는 지하철을 이용한다. 그래야 시간도 정확히 맞출 수 있다. 차를 보내주겠다고 하는 분들도 있다. 그런 불편을 끼쳐드린다면 안 서는 것 못하다. 오늘 주례가 18번째다. 적지 않게 선 셈이다. 미리 신랑, 신부에게 축하를 건넨다. 새벽이 싱그럽다.

시간이 왜 이렇게 빨리 갈까

초저녁에 자고 일어났다. 즐겨보는 주말드라마 〈가족끼리 왜 이래〉도 못 봤다. 졸고 있으니까 아내 왈 들어가 자란다. 이번 주도 굉장히 바쁠 것 같다. 당장 월요일인 오늘부터 점심, 저녁 광화문에 다녀와야 한다. 점심은 서울신문 후배들과 추어탕을 먹기로 했다. 이전에 한 번 소개했던 정동극장 옆 남도식당. 저녁은 무교동 남포면옥에서 한다. 대전고 3학년 8반 반창회를 하기로 한 것. 비교적 잘 뭉치는 우리 반이다. 30~40대보다 50대 들어 더 잘 모이는 것 같다. 다시 말해 나이를 들어간다는 얘기다. 사람은 누구나 귀소본능이 있다. 그래서 고교 동창들도 찾을 터. 18일 저녁엔 대전고 58회 동기 전체 모임이 있는데 부득이 참석하지 못한다. 19일에는 '나눔모임'이 있다. 한 달에 한 번씩 모이는 만남이다. 20일 주례. 21일엔 출판기념회 및 저자 사인회를 한다. 그러다보니 시간 가는 줄 모른다. 행복하다고 해야 할까.

설레임과 함께 이번 주도 시작한다.

한국이 제일 좋아

돈만 있다면 한국보다 더 좋은 나라가 없을 듯하다. 너무 살기가 좋다. 특히 서울은 모든 기반시설이 잘 갖춰져 있다. 지하철, 버스, 택시 등 대중교통망은 세계 최고일 게다. 편의점도 많고, 음식점도 많다. 세계 어느 나라를 가 보아도 이런 나라는 없다. 정령 우리는 복받은 민족이다. 안산 현불사에 갔다오다가 영등포 롯데백화점에 들렀다. 저녁까지 해결한 뒤 집에 들어가려고 그곳을 찾았다. 평일이라 사람은 그리 많지 않았다. 유니클로 매장엘 먼저 갔다. 옷값이 무척 싸다. 웬만한 브랜드 하나 값이면 여러 벌을 살 수 있다. 나도 체크무늬 남방 1개와 장갑 1개를 얻었다. 식구별로 1~2개씩 샀는데 15만 원 가량. 횡재한 것 같은 기분도 든다. 유니클로가 한국을 거의 점령한 이유인지도 모르겠다. 합리적 가격으로 소비자를 유혹하는데 나무랄 순 없지 않겠는가. 저녁은 찹쌀 탕수육에 짜장면. 오랜만에 먹으니 맛도 좋다. "자기 안 맛있는 것 있어" 아내와 아들 녀석은 가끔 핀잔을 준다. 마침 서울지역에 함박눈도 내렸다. 어린 아이처럼 마냥 좋다. 동심으로 돌아간 하루였다.

비데 이사장님

겨울밤이 길긴 하다. 10시쯤 잤는데 깨어보니 12시 35분이다. 두 시간 반 정도 잔 셈이다. 그래도 몸은 가뿐하다. 거실로 나왔다. 아내는 텔레비전을 켜놓은 채 소파에 기대 자고 있다. 깨워 안방으로 들여보냈다. 이제부턴 나만의 시간. 먼저 하루 일과를 생각한다. 점심은 얼마 전 취임한 편집국장과 한다. 우리 논설위원을 모두 점심에 초대한 것. 가족 같은 분위기는 파이낸셜뉴스의 자랑거리. 저녁은 아주 귀한 분과 한다. 아세아항공전문학교 전영숙 이사장님이 여의도로 오신다. 뵌 지는 그리 오래 안 됐지만 무척 가까워졌다. 내가 그 학교에서 인문학 특강도 했다. 누님처럼 자상하시다. 실제로 나이도 나보다 네 살 위. 이사장 취임 후 학교 분위기도 확 바꿔 놓았단다. '비데 이사장'으로 불리기도 한다. 학교 화장실 변기를 모두 비데로 교체한 것. 세심한 배려가 돋보이는 대목이다. 남성이 따라갈 수 없는 세심함도 갖추셨다. 학교에 가면 따뜻함이 느껴진다. 어머니 품속 같다고 할까. 그것은 경쟁력으로 이어진다. 아세아항공전문학교가 나날이 발전하는 원동력이다. 저녁에 먹으려고 와인도 한 병 준비했다. 값어치를 떠나 귀한 와인이다. 오늘 저녁 예약한 식당 주인 따님이 나에게 선물한 것. 이탈리아 여행 중 사온 시실리아 와인이다. 멋진 저녁 식사를 기대한다.

잔병 치레

어제 아침부터 오른쪽 발가락이 조금 아팠다. 괜찮아지겠지 생각했지만 그게 아니었다. 퇴근 무렵엔 절뚝거릴 정도로 쑤시고 아팠다. 집에 와서 양말을 벗고 찬찬히 살펴 봤다. 가운데 발가락이 벌겋게 붓고 통증도 있었다. 티눈 같기도 하다. 그동안 걸으면서도 전혀 느끼지 못했던 부위다. 왜 그런지 영문은 모르겠다. 매일 새벽 걸었다고 그럴까. 걸은 것 말고는 한 것이 없다. 쉽게 나을 것 같지도 않다. 오늘 낮에 가까운 병원이라도 찾아가 보아야 되겠다. 당장 내일도 대구 내려가야 하는데 걱정이다. 사람의 인체는 조금만 아파도 금세 표가 난다. 아내 왈 "자기 좀 쉬라고 그러는거야". 정말 아프지 말아야 한다. 아프면 자기만 서럽다. 누가 대신 아파 줄 수도 없다. 건강의 소중함을 다시 한 번 느끼는 새벽이다.

사람 사는 맛

연중 가장 바쁜 달이 왔다. 망년회가 몰려 있는 달이기도 하다. 나 역시 마찬가지다. 당장 이번 주부터 이곳 저곳 참석해야 한다. 6일 토요일엔 시골 초등학교 반창회 모임인 청우회가 있다. 10명이 모인다. 올해 모임 장소도 예년처럼 불광동 통나무집. 나의 오래된 단골집이다. 전날 5일 한국수력원자력의 초대를 받아 경주에 갔다가 올라와야 한다. 그래서 고교 동기 자녀 결혼식에도 참석하지 못한다. 성의만 표시하려고 다른 친구에게 부탁해 놓았다. 8일은 조순용 전 수석, 장석일 박사님과 부부동반 송년 만찬. 시내 라칸티나를 미리 잡아 놓았다. 이 레스토랑도 내가 28년 동안 단골로 이용해온 식당. 13일 토요일도 새 에세이집 1~4호 독자들과 점심. 내가 네 분을 여의도로 초대한 것. 14일 대전고 3학년 8반 반창회. 18일엔 대전고 전체 재경 송년 모임. 19일 나눔모임 망년회. 20일 주례, 27일 페친 모임. 29일 여 변호사님들과 저녁. 빠질 수 없는 모임들이다. 이런 저런 점심 약속은 제외한 게 이렇다. 모임은 삶의 활력을 더해준다. 여기에 얼마나 더 추가될지 모르겠다. 신나는 인생이다.

명당

11월 마지막 날이다. 올해도 한 달밖에 안 남았다. 왜 이렇게 세월이 번개처럼 지나갈까. 정말 빨리 흐른다. 건강함에 먼저 감사한다. 아프지 않고 살 수 있다는 것만으로도 행복하다. 건강할 땐 그 소중한 가치를 잘 모르는 법. 아픈 다음에야 무릎을 치고 후회한다. 대부분의 사람들이 그렇다. 올해도 지금까지 열심히 걸었다. 한강에 나가지 않은 날이 거의 없는 것 같다. 하루에

8km씩 걸었으니까 2600km 이상 걸은 셈이다. 걷기는 이제 나의 일상이 됐다. 하루라도 걷지 않으면 몸이 찌뿌둥하고 좀 이상하다. 한강도 친구가 된 지 오래다. 그곳에 가면 안락함을 느낀다. 내가 앉아서 맞은편 난지도 쪽을 쳐다보는 고정 벤치도 있다. 이름하여 '오풍연 의자'. 나만 아는 명당이다. 하루의 시작을 알리는 곳이다. 오늘은 일요일 근무. 저녁에는 전직 법무부장관 따님 결혼식에 간다. 평상복 대신 양복을 갖춰 입고 출근해야 한다. 많은 사람들을 만날 터. 이번 주 마지막 일정이다. 주말을 잘 마무리하시라.

주례, 경건한 마음으로

오늘 또 한쌍의 부부를 탄생시킨다. 16번째 주례. 여의도 중소기업중앙회 회관에서 결혼한다. 나에게도 의미 있는 주례다. 한 페친의 부탁을 받고 주례를 서는 것. 그분 누님의 아들, 즉 조카를 위해 외삼촌이 나섰다고 할 수 있다. 두어 달 전쯤 메시지를 받았다. "집안에 혼사가 있는데 주례를 맡아주실 수 있습니까." 마침 오늘 별다른 일정이 없어 바로 오케이를 했다. 페친의 부탁을 받은 것은 이번이 처음이다. 장소 또한 내가 근무하고 있는 여의도 사무실과 지척이어서 편하다. 일찍 회사에 나갔다가 예식장으로 움직일 참이다. 비록 신랑 신부, 양쪽 혼주들을 보진 못

했지만 정성껏 주례를 서려고 한다. 주례를 부탁한 분은 뵌적이 있다. 얼마 전 그분이 회사로 찾아오셔서 소주를 한잔 했다. 그럼 된다. 아니 찾아오지 않으셔도 괜찮다. 바쁜 세상에 서로 시간만 정확히 지키면 되지 않겠는가. 이것 저것 따질 필요가 없다. 오늘 하루 나의 중요한 일정이다.

오풍연이 사는 방식

'오풍연 다움'이 있을까. 내가 사는 방식을 말한다. 행여 욕을 먹지나 않을까. 내가 아무리 잘한다 한들 남의 눈에는 성이 차지 않을 수 있다. 이 점을 항상 생각하면서 살고 있다. 남에게 조금이라도 불편을 주면 안 된다. 더러 오해를 받기도 한다. 한 번도 본 적이 없는 사람이 나를 비판할 때다. 그래도 그 사람을 원망할 생각은 없다. 그 사람 역시 나름대로 생각이 있을 터. 상대방을 존중하고 이해하면 모든 것이 풀린다. 그러려면 인내심이 필요하다. 먼저 성을 내는 사람이 지는 법. 지금껏 한 번도 성을 내거나 화를 낸 적은 없다. 나라고 언짢은 일이 없을 순 없다. 하지만 내색은 하지 않는다. 마음 속에 새기면 된다. 인내심을 갖자.

돈 주고 주례는 사지 말라

오늘은 주례를 선 대가로 저녁을 얻어 먹는다. 지난 주말 초등학교 친구 아들 녀석 주례를 섰는데 저녁을 하잔다. 혼주의 초대로 저녁을 얻어먹은 적은 거의 없는 것 같다. 신랑신부가 신혼여행을 갔다온 뒤 찾아오는 경우는 더러 있었다. 그 친구 아들 부부는 유럽으로 신혼여행을 떠났다. 주례는 내가 지인들에게 해줄 수 있는 작은 배려다. 돈 주고 주례를 사지 말라고 한다. 예식장 가는 길에 몇 마디 정성껏 해주면 된다. 사는 주례보다야 낫지 않겠는가. 그러다보니 두 자릿 수를 넘겨 주례를 섰다. 주례도 진행형이다. 오늘 아침은 지인들과 시내 호텔에서 조찬. 저녁을 잡기 어려워 아침으로 돌렸다. 시간이 없다는 것은 핑계다. 이처럼 아침으로 대신하면 된다. 오종남 유니세프 사무총장님 등 셋이서 만난다. 오 총장님의 마지막 공직은 통계청장. 아주 유머러스하고 멋진 분이다. 방송에도 자주 나온다. 새벽 운동도 일찍 나갈 참이다. 이렇게 하루를 연다.

조웅래 회장님과의 세 번째 조우

오늘도 유쾌하게 하루를 시작한다. 어제 조웅래 회장님과의 대전 회동은 정말 유익했다. 세 번째 만남. 둘이서 많은 얘기를 나눴다. 그분의 인생관도 다시 한 번 들을 수 있었다. 분명 남 다르게 인생을 즐기고 있는 분이다. 나 역시 인생을 즐기는 편. 그런 점에선 둘이 닮았다고 할까. 대전역으로 차를 보내주고, 올 때는 대전역까지 마중도 해주셨다. 얼큰하게 술 한잔 하고 서울에 올 수 있었다. 이 같은 벗이 있다는 게 마냥 즐겁다. 나는 행복한 사람. 인연에 거듭 감사한다. 오늘은 근무하는 금요일이다. 내일과 모레는 쉰다. 내일은 친구 아들 녀석의 결혼 주례를 선다. 다음 주 토요일도 주례. 봉사로 생각한 주례가 이제 두 자릿 수를 넘겼다. 다음 달 주례까지 합치면 17번. 주말 좋은 계획들 세우시라.

동기생 중 차관 둘

대전고등학교 동기 가운데 두 번째로 차관이 나왔다. 정재근 행정자치부 차관이 주인공이다. 나와 그 친구는 고려대학도 같이 다녔다. 축하할 일이다. 내가 청와대 출입기자를 할 때는 그 친구도 청와대 행정관으로 파견 나와 있었다. 보통 인연은 아니다. 논두렁 정기라도 받고 태어나야 청와대 근무를 할 수 있다는 우스개 소리도 있다. 기자도, 공무원도 청와대행이 쉬운 일은 아니다. 운도 따라주어야 가능하다. 앞서 권용현 친구가 여성부차관 자리에 올랐다. 우리가 나이를 먹었다는 증거이기도 하다. 조만간 또 한 명의 차관이 나올 것으로 본다. 현재 청와대 농림비서관으로 있는 정황근 친구. 정 차관과 권 차관이 행정고시 출신인데 반해 정 비서관은 기술고시 출신. 이런 친구들이 자랑스럽다. 까까머리 고등학교 시절이 엊그제 같은데 말이다. 이 친구들 중 장관도 나왔으면 한다. 거듭 축하를 건넨다.

모두 자기 같지는 않다

사람이 모두 자기 같지는 않다. 더러는 순수한 의도를 오해받을 때도 있다. 내가 페이스북에 올리는 글도 거북해 할 분들이 있을 게다. 무슨 일기를 매일 올리느냐고. 거듭 말하건대 이 사회를 투명하게 살아보자는 뜻에서 거의 있는 그대로를 소개하고 올린다. 나부터 앞장서자는 생각에서다. 따라서 다른 생각은 없다. 그런 데도 불편해 하는 사람들이 있는 것 같다. 몇몇 밴드에도 같은 내용을 올린다. 한 친구가 이 같은 내용의 글을 삼갔으면 하는 내용을 공개적으로 거론했다. 본인의 눈에 거슬렸다는 얘기다. 그래서 밴드에는 글을 올리지 않겠다고 약속했다. 사적인 밴드 모임의 경우 한 사람이라도 불편해 한다면 글을 올리지 않는 것이 맞다. 함께 공유하고 즐기자는 뜻에서 올린 글이 불편을 야기한다면 올리지 않는 것만 못하다. 페친들께도 마찬가지다. 행여 거북하다면 언제든지 말씀하시라. 글로써 불편을 끼쳐드리는 일은 없도록 하겠다. 각설하고, 막바지 가을이다. 도심의 낙엽도 거의 떨어졌다. 그래도 늦가을의 정취를 느낄 수 있다. 나들이를 하는 것도 좋을 것 같다. 보람찬 하루를 맞이하시라.

인생은 길지 않다

11월에도 크고 작은 행사가 많다. 월초에 확정하지 않으면 모두 소화하기 어렵다. 어제 한 달 일정을 거의 마무리 지었다. 우선 22, 29일 주례를 각각 선다. 초등학교 친구 아들, 한 페친의 조카를 위한 주례다. 예식장이 둘 다 서울이어서 지방에 내려갈 필요는 없다. 14일에는 아세아항공직업전문학교에서 '어떻게 살 것인가'라는 주제로 특강을 한다. 말하자면 인문학 특강을 하는 것이다. 기술계 전문학교 학생들에게 다소 낯선 주제일지도 모른다. 28일에는 케이디파워 박기주 의장의 춘천 카이로스 현장을 찾는다. 박 의장이 나를 비롯 유진선 대경대 설립자 겸 명예총장, 이승원 한국발전기술대표, 이경순 누브티스 대표를 초대했다. 나야 자주 가는 곳이지만 나머지 세 명은 처음 찾는다. 박 의장이 18만 평의 대지 위에 꿈을 펼치고 있는 곳이다. 해발 320m의 산 속에 공장이 있다. 무척 아름답다. 구석구석에서 박 의장의 체취를 느낄 수 있다. 27일에는 페친이자 아끼는 동생인 이승호 CJ그룹 상무와 함께 대구에 내려간다. 이 상무가 대경대 학생들을 대상으로 취업 특강을 하기로 했다. 이 상무가 내 요청을 흔쾌히 받아준 것. 고맙지 않을 수 없다. 이처럼 만남을 갖다보면 지루하지도 않다. 설렘 속에 하루하루를 맞는다. 기쁨의 연속이라고 할까. 인생은 무조건 즐겨야 한다. 길지 않기 때문이다.

사람은 한결같아야 한다

사람이 한결같기란 쉬운 일이 아니다. 어떤 환경이나 유혹에 흔들릴 수 있기 때문이다. 내가 살면서 가장 경계하는 대목이기도 하다. “풍연이가 달라졌는데”라는 말을 들으면 안 된다는 얘기다. 사람은 처음과 끝이 같아야 한다. 자리가 높아졌다고, 돈을 좀 벌었다고 바뀌면 곤란하다. 자랑하고 싶은 게 인간의 심리이긴 하다. 자기가 남보다 낫다는 이유에서다. 나의 4대 키워드 가운데 '겸손'도 빠질 수 없다. 그래서 매일매일 나를 되돌아본다. 새벽에 일어나 일기 형식의 글을 쓸 때도 마찬가지다. 행여 전날 다른 사람에게 서운한 일을 했는지 살펴본다. 그리고 오늘 만날 사람을 머릿속에 그린다. 그러면 한결같음에 바짝 다가갈 수 있다. 자기 자신은 자기가 제일 잘 안다. 지금껏 살아오면서 "달라졌다"는 말은 들은 것 같지 않다. 앞으로도 그렇게 살 참이다. 삶이 쉬운 것 같지만 실천하는 것은 어렵다. 실천을 염두에 두면 한결같은 삶을 이어갈 수 있다.

바쁘면 행복한 줄 알아야

어젠 정말 바쁜 하루였다. 소나무학교 학생들과의 만남은 의미 있었다. 어린 새싹들에게 조금의 희망을 주었으면 좋겠다. 실제로 그런 느낌을 받았다. 특강을 마치고 부랴부랴 서울에 올라왔다. 정확히 약속 시간 6시에 맞췄다. 김종국 동반성장위 사무총장, 김용석 에스틸 회장님과 저녁을 했다. 두 분 모두 지난해 이맘때쯤 만났다. 하지만 어떤 분들보다 가까워졌다. 나이로도 형님뻘이다. 김 회장님은 사업을 하시는 분 같지 않다. 영국 신사라고 할까. 말씀과 행동 모두 흠잡을 데 없다. 김 총장님은 대한민국에서 가장 부지런한 분이다. 동에 번쩍, 서에 번쩍 하신다. 그런 분이 많이 나와야 우리나라가 발전할 터. 오늘은 파이낸셜뉴스 회장님을 비롯한 간부들과 산행을 한다. 작지만 뜻있는 행사다. 우리 논설위원실 식구, 편집국 데스크 등 30여 명이 참석한다. 점심은 토속촌. 나는 쉬는 금요일이다. 대신 일요일 근무. 이번 주도 이처럼 마무리 된다.

전영숙 이사장, 조웅래 회장님

10월 마지막 주다. 한달 전쯤 좋은 일을 기대하며 10월을 맞았었다. 실제로 좋은 일이 있었다. 페이스북을 통해 두 분을 알게 됐다. 한 분은 몇 번 페이스북에도 올렸다. 더맥키스컴퍼니 조웅래 회장님. 그분의 초대로 내가 먼저 대전 계족산에 가서 황톳길을 걸었고, 그분이 또 서울을 답방하셨다. 페이스북을 통해 여전히 소통하고 있다. 또 한 분은 아세아항공전문학교 전영숙 이사장님. 그분 역시 두 번의 만남을 가졌다. 이번엔 그분이 먼저 여의도에 오셨고, 얼마 후 내가 그분의 학교를 방문했다. 두 분과의 만남은 모두 10월에 이뤄졌다. 두 분 모두 50대 후반이다. 인생의 절정기랄까. 그런 찰나에 만난 것이다. 이 같은 만남은 오래 지속될 수 있다. 물론 서로 예의를 지켜야 한다. 예의범절은 가까울수록 더 중요하다. 11월에도 좋은 일이 있을까. 또 기대를 한다. 그런 설렘은 삶을 더욱 기름지게 한다. 내가 인생을 즐기는 이유다. 멋지게 살자.

슬픈 월급쟁이

월급쟁이에게는 슬픈 구석이 있다. 한달 용돈이다. 일부 고액연봉자를 빼곤 거의 부족할 터. 나 역시 마찬가지다. 아무리 아껴써도 카드값을 보면 눈이 휘둥그레진다. 매번 적게 써야지 다짐하건만 실상은 그렇지 못하다. 등골이 휜다고 할까. 경조사비도 만만치 않다. 한달 평균 30만~50만 원은 잡아야 한다. 인생은 이처럼 부대끼며 산다. 월급쟁이에게 가외소득은 있을 수 없다. 그것으로 생활도 하고, 용돈도 써야 한다. 아내에게도 미안한 마음뿐이다. 생활비를 넉넉히 주지 못하기 때문이다. 그래도 불평을 하지 않는 아내가 고맙다. 남들보다 많은 두 군데서 고정 급여는 받는다. 신문사와 대학. 두 곳에도 항상 감사한 마음을 갖고 있다. 우리 가족의 생계를 책임져 주고 있어서다. 직장의 고마움을 잊어선 안 된다. 그러려면 일을 더욱 열심히 해야 한다. 직장에서 최선을 다하라는 얘기다. 기회도 그런 사람에게 오는 법이다.

재능 기부

나는 가진 게 별로 없다. 그러나 마음만큼은 넉넉하다. 그래서 최고 부자라고 스스로 위안을 삼는다. 물질적으로 도와주는 대신 마음을 함께 나눈다. 다른 사람의 부탁이나 請에 노를 하지 않는 이유이기도 하다. 내가 할 수 있는 일은 최선을 다하려고 노력한다. 강의나 주례도 그중의 하나들이다. 오늘 아침에는 한 페친이 댓글로 재능기부를 요청해 오셨다. 경기도의 한 고등학교에서 강연을 해달란다. 마다할 리 없다. 바로 답을 드렸다. "청학고가 어디에 있나요. 제가 금요일은 격주로 쉬니까 날짜만 맞으면 (강의)가능합니다." 이 같은 방식으로라도 사회에 조그만 기여를 하려고 한다. 마침 그 고등학교는 대전고 2년 선배가 교장으로 계시다고 했다. 동문도 만나고, 학생도 만나고 일석이조인 셈이다. 주례 역시 마찬가지다. 특별한 사정이 없는 한 노를 해본 적이 없다. 결론적으로 말해 인생은 살맛 나고, 아름답다.

대구 지역 동기 만남

대전고 동기들과 대구에서 멋진 밤을 보내고 오늘 새벽 올라왔다. 동대구역에서 밤 10시 28분 KTX를 탔다. 집에 돌아와 씻으니 새벽 1시. 평소 같으면 일어날 시간에 잤다. 정말 달콤하게 숙면을 취했다. 어제의 흥분은 지금까지 계속된다. 나까지 5명이 모였는데 두 친구는 1979년 고교 졸업 후 처음 만났다. 이렇게 살아 있으니까 다시 만난다. 다시 한 번 살아 있음에 감사한 하루였다. 2명은 멀리 김천에서 대구까지 왔다. 나를 만나러 온 것이다. 그들에게 거듭 감사함을 전한다. 멋진 한정식집. 폭탄주도 여러 잔 마셨다. 오랜만에 만났으니 무슨 잔인들 어떠랴. 앞서 오후 2시부터 대경대에서 특강을 했다. 주제는 '어떻게 살 것인가'. 대경대에서 매주 명사들을 초청해 마련하는 자리다. 내가 그 반열에 낄 수 있는지 조심스러웠다. 강의가 끝난 뒤 몇몇 학생들은 페이스북 등에 흔적을 남겼다. "오늘 좋은 말씀 감사합니다. 덕분에 좋은 정보도 얻고 다시 한번 나에 대해 생각도 해보는 시간이 되었던 것 같아요. 정말 잘들었습니다~^^" 이런 맛에 강의도 한다. 한 사람이라도 반응을 보여주면 더없이 고맙다. 근무하는 금요일이다. 잠시 후 안양천에 나가 1시간 동안 걷고 출근할 참이다. 이번 주도 이처럼 마무리 되어 간다.

하나 뿐인 이름

"이름이 참 좋으시네요" 어제 저녁 행사에서 나이 지긋한 옆자리 어르신이 한마디 건넸다. 내 이름은 '오풍연'. 조풍연, 또는 오풍년으로 부르는 사람들이 많다. 조풍연 씨는 언론인 출신의 유명한 아동문학가. 그분 역시 기자생활을 했다. 오래 전에 돌아가셨다. 실제로 나에게 오는 상당수의 우편물이 조풍연으로 온다. 豊年을 연상해 풍년으로도 많이 부른다. 그 어르신은 조상님께 고마워해야 할 것이라고 말했다. 시골에서 아이가 태어나면 보통 할아버지가 이름을 지어 주신다. 나 역시 마찬가지다. 어릴 때 할아버지와 약속했던 재롱담이 생각난다. "나중에 미국 가서 선물 사다드릴게요." 아마 살아계셨더라면 그렇게 했을 것이다. 하지만 할아버지는 내가 고등학교 때 돌아가셨다. 실제로 오풍연은 네이버나 다음 등 포털에도 나 한 명 밖에 없다. 그래서 거짓말도 못 한다. 외부 강연을 나가서도 별도로 내 소개를 하지 않는다. 인터넷에 내 이름 석자만 쳐보라고 말한다. 정직, 성실, 겸손, 부지런함. 내 인생의 4대 키워드다. 실천이 중요함은 두말할 나위가 없다.

자문위원

한국경영문화연구원 개원식에 참석했다. 나도 자문위원으로 참여하고 있다. '나눔모임' 회원이자 경기대 평생교육원 경영학부장으로 있는 이택호 교수가 만든 것. 역시 나눔모임 회원인 케이디파워 박기주 의장은 이 연구원의 이사장으로 있다. 말하자면 나눔 회원이 연구원의 주춧돌이 된 셈이다. 이 교수도 매우 열정적이다. 그리고 붙임성이 있다. 내가 선뜻 자문위원에 응한 이유이기도 하다. 연구원에는 50~100명의 박사급 연구원이 있다. 각 대학 교수, 초빙교수, 겸임교수 등으로 있는 분들이다. 전공 분야 역시 다양하다. 물론 경영문화연구원답게 경영학을 전공한 분들이 가장 많다. 이 연구원은 주로 중소기업인과 소상공인들을 대상으로 교육 및 컨설팅을 할 계획이란다. 개원과 함께 15주짜리 교육프로그램도 만들었다. 대학, 언론사 등에서 하고 있는 최고위 과정과 비슷하다고 보면 된다. 무엇보다 내실을 탄탄히 다지려고 한다. 나도 힘이 될지 모르겠다. 이 교수나 연구원들의 얼굴에서는 의지가 읽혀졌다. 연구원의 무궁한 발전을 기원한다.

축의금 고민

결혼식이 많다. 가을이라서 그런 것 같다. 이달 들어 두 번 결혼식에 참석한다. 둘 다 호텔 결혼식. 한 분에게 결혼식 비용을 물어봤다. 1인당 식대 12만 원, 와인 값은 별도란다. 와인은 1병에 최소한 10만 원 이상이다. 꽃값도 수천만 원. 보통 사람은 상상할 수 없는 금액이다. 그래도 평생 한 번이라며 호텔에서 결혼식을 치른다. 축의금 10만 원을 내도 식대에 못 미친다. 그래서 하객들도 부담스럽다. 굳이 이런 결혼식을 해야 하나. 남의 이목 때문에 울며 겨자 먹기 식으로 호텔을 선호하기도 한다. 허례허식에 다름 아니다. 나도 아들 놈을 장가보내야 할 터. 솔직히 지금부터 고민된다. 조촐하게 치를 생각만 갖고 있다. 우리의 결혼문화가 바뀌었으면 좋겠다.

맥키스 홍보대사

조웅래 회장님과 멋진 밤을 보냈다. 어제 충남 당진에서 음악회를 하고 올라오셨다. 두 번째 만남. 지난 12일 대전 계족산에서 첫 만남을 가졌다. 내가 먼저 내려갔고, 조 회장님이 서울을 답방하신 셈이다. 내가 근무하고 있는 누추한 사무실을 방문했다. 여의도 회사 근처 허름한 술집에서 소줏잔을 기울였다. 오랜 친구 같은 느낌이 들었다. 내가 먼저 말했다. "왜 이제 나타났냐고". 조 회장님과 만남 역시 페이스북이 맺어 주었다. 나의 3333번째 페친. 대전에서 맥키스를 직접 가지고 오셨다. 얼음을 타서 먹으니 색다른 맛이 있었다. 우스개 소리로 '맥키스 홍보대사'를 하겠다고 했다. 소주는 여러 종류가 있어도 맥키스 같은 혼합주는 없다. 경쟁력이 충분하다고 생각한다. 페친들과 맥키스를 함께 마실 날도 있을 것으로 본다. 맥키스도 한 박스 주셨다. 조 회장님은 바로 대전에 내려가셨다. 굉장히 바쁜 분이다. 좋은 벗과의 만남. 어제의 감동으로 여전히 굿. 가뿐하게 하루를 시작한다.

어떻게 살 것인가

다시 월요일이다. 매주 맞는 요일이지만 오늘 따라 왠지 즐겁다. 이번 주도 스케줄이 많아서 그럴까. 그런 점도 없진 않을 게다. 사람을 만나는 게 참 좋다. 수요일 빼고 점심, 저녁으로 약속이 잡혔다. 대구 내려가는 목요일은 굉장히 바쁠 것 같다. 아침 7시 KTX로 내려가 10시부터 2시간 강의를 한다. 정규 교양과목인 '삶과 문학' 강의다. 점심은 정홍규 신부님과 같이 하기로 했다. 대구 경북 지역에서 덕망이 높은 분이다. 이어 오후 2시부터 100분 동안 대경대 학생들을 대상으로 특강을 한다. 주제는 '어떻게 살 것인가'. 젊은이들에게 꿈과 희망을 얘기하려 한다. 얼마나 호응할지는 알 수 없다. 학생들의 눈동자를 보면 대충 알 수 있다. 그날 저녁에는 대구 지역에 있는 고교 동창들을 만난다. 지난 1학기 때 모임을 하려다 사정이 생겨 연기했었다. 대여섯 명 된다고 하는데 얼굴을 못 본 친구도 있다. 대학교수, 대기업 임원, 종합병원 의사, 대형 건설사 현장 소장 등으로 있다. 오늘 역시 반가운 손님과 저녁을 한다. '계족산 황톳길'의 주인공인 더맥키스컴퍼니 조웅래 회장님이 서울에 오신다. 내가 초청한 것. 이번이 두 번째 만남. 선술집을 예약해 놓았다. 소주잔을 기울이면서 못다한 얘기를 할 참이다. 행복과 만남은 동반자인지도 모른다.

명함

내 명함을 받고 고개를 갸웃하는 분들이 더러 있다. 직업이 3개나 적혀 있기 때문이다. 파이낸셜뉴스 논설위원, 대경대 초빙교수, 작가 등. 모두 맞다. 현재도 세 가지 활동을 병행하고 있기 때문이다. 어떻게 불러야 좋으냐고 묻는 분들도 있다. 나는 그때마다 마음대로 부르라고 한다. 아주 위트 있는 여성 분이 있다. "네~~ 근데 호칭은 어떻게 할까요. 좋아하시는 호칭으루다가 불러드릴려구요~~혹시 오퐈?ㅋㅋㅋ" 50대 중반인 나에게 오퐈(오빠). 싫진 않다. 그래도 좀 거시기 하다고 해야 할까. "오빠는 조금 징그럽지 않아요. 기자로 불러주세요." 그렇다. 기자는 나의 평생 직업이다. 초빙교수, 작가는 나중에 얻은 호칭이다. 둘 다 듣기 좋다. 한 때는 작가 명함만 들고 다닌 적도 있다. 하지만 나의 뿌리는 기자다. 두 달만 더 있으면 만 28년이 된다. 1986년 12월 16일 서울신문에 수습기자로 입사했다. 앞으로도 할 수만 있다면 평생 기자로 살고 싶다. 그것이 가능할까. 신(神)만이 알 터다.

멋진 친구, 멋진 밤

나의 새벽을 알리는 전령. 눈을 뜨자마자 사과부터 1개 깎아 먹는다. 그리고 커피. 요즘은 봉지커피 대신 원두커피를 마신다. 아내도 마트에 가면 사과부터 챙긴다. 사과를 1년 내내 먹을 수 있어 좋다. 사과의 효능은 말로 표현할 수 없다. 부사도 맛있지만 홍옥도 그에 못지않다. 어제 '나눔'회원들과 광화문에서 멋진 저녁을 했다. 그들은 볼수록 정이 든다. 모임을 정말 잘 만들었다. 모두 함께 살기로 했다. 케이디파워 박기주 의장이 중심에 있다. 춘천 카이로스는 우리의 종착지. 그곳에서 우리의 인생을 꽃피우려 한다. 여행사를 하는 한 친구가 술을 가지고 와 함께 마셨다. 발렌타인 30년산, 산토리 21년산, 58도짜리 고량주, 꼬냑. 입이 호강한 날이었다. 술을 제법 마셨는데도 몸이 개운하다. 좋은 술이어서 그럴까. 아니, 멋진 친구들과 마셔서 그럴게다. 이 새벽이 즐겁다. 사과 맛도 최고. 커피 향도 그윽하다. 주말을 보람차게 즐기자.

형 노릇 잘 할 수 있을까

"병용님과 1차에서 한 병 더하고 2차에서 다른 선배님과 한잔 더하고 3차는 남부터미널 청주행 막차 시간 맞춰 한잔하다가 집에 오니까 한 시가 넘었습니다. 책 좀 보다가 잠들었는데 꿈 속에서 멋지게 미소 짓는 신선을 만났습니다. 그 신선을 가까이 가서 뵈니 오풍연 선생님이셨답니다. 그 신선께서 말씀하시기를 '반갑다, 아우야!' 그 말씀에 기분이 너무 좋아 춤을 추면서 신선의 도를 지니신 축복의 전사가 '나를 좋아하신다.' 자랑하며 제가 지른 소리에 놀라 잠을 깼습니다. 그 꿈을 더 꾸고 싶어 억지로 잠을 청해보는 행복한 아침입니다. 감사합니다. 참으로 고맙습니다. 그동안 어디 계셨는지 원망부터 하고 있답니다. ㅋㅋㅋ" 최근 한 페친에게서 받은 찬사다. 그제 회사를 방문했던 분이다. 나보다는 두 살 아래. 두툼한 책과 대추, 생강 등을 벌꿀로 잰 엑기스도 가지고 왔다. 그분은 페이스북 상에서 나보다 훨씬 유명한 분. 페친도 5000명 가량 된다. 나에 대한 찬사가 너무 과분해 얼굴이 화끈거린다. 페이스북에 올린 내 글을 보고 나름 분석했단다. 이렇게 아름다운 마음씨를 가진 분도 있다. 첫 만남에 바로 호형호제를 하기로 했다. 당연히 내가 형. 앞으로 형 노릇을 제대로 할지 모르겠다. 요즘 페북에서 만난 친구들은 대부분 나보다 어리다. 내가 나이를 먹은 까닭일까. 나도 멋지게 늙고 싶다.

종씨를 만나다

참 습관은 신통하기도 하다. 어젠 지인들과 저녁을 하고 회사에 남아 북한의 충격 사건을 지켜본 뒤 9시쯤 귀가했다. 우리 측의 피해가 없어 사설은 쓰지 않았다. 북한의 예견(?)된 도발이랄까. 지난번 황병서 등 3인이 남한에 왔을 때도 관련 사설을 쓰면서

이 같은 점을 어느 정도 예상했었다. 오랫동안 북한의 태도를 지켜봤기 때문이다. 각설하고. 11시쯤 잤는데도 평소처럼 1시30분에 일어났다. 그 시간 되면 눈이 저절로 떠진다. 나의 본관은 보성. 해주 오씨는 많아도 보성 오씨는 드물다. 물론 내가 태어난 충청도에는 보성 오씨도 적지 않다. 어제 보성 오씨를 만났다. 그 분은 병자 돌림. 나에게 증조부뻘이다. 나이는 나보다 한 살 아래. 고향은 청주라고 했다. 그렇게 반가울 수가 없었다.우리 고향엔 병자 항렬을 가진 분이 한 분도 안 계시다. 모두 돌아가셨다. 그 분이 댓글을 남기셨다. 손주뻘인 나보고 '선배'란다. 일가를 만났는데 시간을 오래 함께하지 못해 아쉬웠다. 다음에 또 기회가 있으리라. 오늘 낮엔 대학 선배 따님의 결혼식에 간다. 주말들 잘 보내시라.

끈기와 인내심

기분 좋은 꿈을 꾸고 일어났다. 내가 마라톤을 완주한 것. 꿈 속의 장면이 너무 생생하다. 기록은 2시간 32분 28초. 아마추어가 이 정도 기록이면 최상일 터. 물론 한 번도 마라톤에 도전해본 적이 없다. 그래서 더 좋았는지도 모른다. 그렇다. 포기하지 않고 끝까지 도전하는 사람에게 기회가 온다. 성공의 비결이기도 하다. 끈기와 인내심. 즉 지구력이 뛰어난 사람은 성공할 가능성도 높다. 또 인생을 멀리 보아야 한다. 단기전도 좋지만 장기전에 대비해야 한다는 얘기다. 더군다나 앞으론 100세 시대. 중간에 절대로 포기하는 일이 있어선 안 된다. 학생들에게도 이 점을 강조한다. 그런 만큼 나부터 실천하는 것이 도리다. 오늘은 점심, 저녁 약속이 있다. 누군가와 함께 할 수 있다는 것도 행복이다. 나 혼자는 외롭기 때문이다. 더불어 살자.

소중한 사람

마음을 내려 놓는 것은

내가 가지고 싶었던 그 무엇인가를

기다리다 포기하거나

아님 더 좋은 공간을 만들기 위한

버림의 몸부림입니다

빈 공간이 생겨도 채우지 마십시요

그곳에 다시 버려야 하는

아픔이 있기에.......

욕심을 버리는 것이 아니라

일을 줄여 나가다 보시면

맑고 투명한

오롱오롱한

글들이 샘물처럼

소록소록

가슴의 목마름을

시원하게 적셔

주는 희망의 태양

보이시나요

한 페친이 내 글에 남긴 댓글이다. 감수성이 뛰어난 분으로 생각한다. 한 편의 시와 같다. 이처럼 우리 주변에는 예쁜 글을 쓰는 분들이 적지 않다. 연륜도 묻어난다. 나와 동갑내기 여성 페친으로 생각된다. 물론 직접 뵌 적은 없다. 아침 기온은 제법 쌀쌀해졌다. 긴 옷을 꺼내 입은 사람들도 적지 않게 볼 수 있다. 계절은 어김 없이 바뀐다. 붙잡으려고 해도 잡을 수 없는 것이 세월이다. 따라서 그것을 즐겨야 한다. 하루하루 소중하게 보내면 된다. 소중한 사람은 멀리 있지 않다. 내가 만나는 사람이 바로 소중한 사람들이다. 가까이는 가족, 친구, 지인들이다. 무엇보다 그들에게 잘해야 한다. 그런데도 최선을 다하지 않는다. "조금 소홀해도 이해해 주겠지"라고 생각한다. 이런 마음부터 고쳐야 한다. 그동안 무관심했다면 지금부터라도 정성껏 챙기자.

욕심은 금물

나는 지금 생활에 만족하고 있는가. 대답은 "그렇다"이다. 모든 여건, 모든 사람에게 감사하기 때문이다. 당연히 근심 걱정도 거의 없다. 아주 없다고 하면 사람이 아니라고 할 터. 마음을 내려놓은 어느 순간부터 그랬다. 그럼 누군가 묻는다. "마음 내려놓는 것이 쉽느냐." 물론 어렵다. 그러나 가능하다고 본다. 그러려면 무엇보다 욕심이 없어야 한다. 밑도 끝도 없는 것이 욕심이다. 그런 만큼 그것을 없애기 위해 노력해야 한다. 나는 상대적으로 욕심이 적다고 할까. 욕심이 많으면 없는 병도 생기는 법. 따라서 욕심은 금물이다. 불가에서는 무소유를 중시한다. 나도 가진 것은 별로 없다. 하지만 마음만은 누구 못지 않다고 생각한다. 그래서 마음은 함께 나누고 있다. 베풂의 삶. 내가 추구하는 인생의 지향점이다.

무리하게 걸어서 그럴까

어제 새벽에 일어났더니 왼쪽 복숭아뼈 밑 발이 좀 쑤셨다. 꿈속에서 약간의 통증을 느껴 깼다. 부랴부랴 파스도 붙였다. 영문을 모를 일이다. 운동 때문일까. 인대가 늘어나지 않았나 생각한다. 병원엔 가보지 않았다. 정상적으로 걷는 것이 불편하다. 절뚝거리면서 걷는다. 장모님과 아내는 "무리하게 걸어서 그렇다"고 한마디씩 한다. 설마 그럴까. 사실 많이 걸은 것은 맞다. 날마다 새벽에 8km씩 걷고 들어와 출근했다. 토요일이나 일요일엔 그보다 더 걷는다. 사흘 전부턴 아예 회사까지 걸어서 출근했다. 구두를 신고 걸으니 무리가 왔는지도 모르겠다. 원인 없이 아플 리는 없다. 이참에 조금 쉬라고 신이 계시한 듯하다. 오늘부터 사흘간 연휴. 일요일엔 출근한다. 한 이틀 쉬면 나을 것으로 본다. 어디든 아프면 힘들다. 따라서 아프지 말아야 한다. 건강의 소중함을 다시 한 번 느끼는 새벽이다. 좋은 연휴 되시라.

오랜 지인

사과를 하나 맛있게 깎아 먹고 하루를 시작한다. 나의 1년 365일은 거의 똑같다. 눈을 뜨자마자 사과 1개, 커피를 마시면서 출발한다. 여름에는 참외, 복숭아 등 더러 계절 과일을 먹기도 한다. 그래도 사과가 제일 맛있다. 아내와 마트에 가도 '사과'는 꼭 챙긴다. 아침 사과는 보약이라던가. 오늘 저녁은 강남에서 지인들과 부부동반 모임이 있다. 김대중 대통령 시절 정무수석, 주치의를 지낸 분들과 만난다. 나는 당시 청와대 출입기자. 셋이 부부동반 모임은 처음이다. 주치의님과 우리 부부는 자주 만나온 사이. 맏형 격인 정무수석 형수님은 나도 처음 뵙는다. 얼마

전 그 형수님이 주치의님 병원에서 수술을 받았는데 경과가 아주 좋다. 그래서 겸사겸사 만나는 것. 부부는 서로 아프지 말아야 한다. 내 건강은 내가 챙긴다지만 서로 신경써 줄 필요가 있다. 돈이 아무리 많은들 건강을 해치면 무슨 소용이 있겠는가. 아내는 지금도 어지럼증 때문에 고생을 하고 있다. 예전에 비해 많이 나아졌지만 완쾌되지 않았다. 아내가 가끔 농담도 한다. "자기가 돈을 많이 벌어오면 병(어지럼증)도 싹 나을텐데" 그러나 솔직히 돈 버는 데는 자신이 없다. 하느님이 모든 복을 나에게 주었어도 재물운은 주지 않은 것 같다. 그것 또한 감사하게 생각한다. 하나라도 부족한 게 있어야 살맛이 나지 않겠는가. 그것이 인생이다.

경조사비 에티켓

직장인이라면 누구나 고민하는 대목이 있다. 경조사비다. 부담이 되기 때문이다. 많이 넣자니 부담스럽고, 적게 넣으면 낯이 간지럽다. 나도 마찬가지. 1986년 12월 입사한 이후 수없이 경험했다. 애경사에는 가급적 빠지지 않으려고 노력 중이다. 그때부터 지금까지 기본 액수는 5만 원. 물론 가까운 지인들에게는 10만 원 이상을 기본으로 한다. 물가인상 등을 고려하면 적어도 한두 배 올리는 것이 맞다. 상가집은 그래도 나은 편이다. 하지만 결혼식은 적다고 할 수 있다. 2008년 12월 어머니가 돌아가셨을 때 많은 분들이 문상을 왔다. 오신 분들의 방명록을 모두 정리해 놓았다. 애경사가 있을 땐 그것을 보고 성의 표시를 한다. 그러면 결례를 면할 수 있다. 얼마전 정식 사원이 된 아들 녀석도 경조사비가 부담이 되는 듯했다. 학생 때 모르던 일이 자신에게 닥쳐서 그랬을 터. “아빠는 어떻게 그것(경조사비)을 다 했어” “아빠가 얼마나 어려웠겠니. 그래도 사람 노릇을 해야 한다.” 녀석에게 해준 한마디다. 결혼 시즌이다. 나도 11월엔 주례를 두 번이나 선다. 쪼달리면서 사는 것이 인생이다.

마음씨 예쁜 식당집 딸래미

여의도에 자주 이용하는 식당이 있다. 음식도 맛있거니와 직원들이 아주 친절하다. 물론 식당 사장님 내외분도 잘 안다. 사장님 딸도 식당에 나와 부모님 일을 거든다. 요즘 젊은 애들은 손에 물 묻히는 것을 싫어한다. 그런데 그 딸은 다르다. 점심 시간에는 직접 음식을 나르기도 한다. 또 요리를 좋아한다고 했다. 사장님 모녀가 만든 전복돌솥밥은 아주 일미다. 딸은 28살. 호주 멜버른에서 공부하고 돌아온 유학파다. 얼굴도 예쁘다. 지인들과 식당에 가면 가끔 농담을 한다. “우리 며느리감인데 예쁘죠.” 농담으로 받아주는 사장님과 딸이 고맙다. 실제로 그런 며느리라면 좋을 것 같기도 하다. 얼마 전 그 딸이 2주일 가량 유럽 여행을 다녀왔다. 프랑스, 독일, 이탈리아를 다녀왔다고 했다. 딸이 손님인 나를 감동시켰다. 이탈리아 여행 중 시실리아 섬에서 나를 주려고 와인을 사왔단다. 마음씨가 더 곱다. 단골 손님까지 챙기는 마음은 어디서 나왔을까. 설령 부모님한테 배웠을 게다. 다음 주 월요일 점심을 예약했다. 그때 와인을 주겠단다. 내가 가장 좋아하는 분과 와인을 나눠 마실 참이다. 그분은 누구일까.

문학과 섹스

어제 강의시간에 다음 주 강의를 예고했다. 주제는 '문학과 섹스'. 지난 학기에도 '섹스'에 관해 한 시간 특강을 한 적이 있다. 그렇다고 내가 섹스 전문가는 아니다. 한 여학생이 '연애'에 관해 특강을 해달라고 부탁해 받아들였던 것. 연애의 연장은 섹스 아닐까. 그 학생도 섹스를 직접 꺼내기 어려워 연애를 얘기했을지도 모른다. 섹스는 아직도 금기어로 비친다. 섹스에 관심이 없는 사람은 없을 듯하다. 다만 드러내놓고 얘기를 하지 않을 뿐이다. 나도 예외는 아니다. 섹스는 곧잘 외설로 비유된다. 이 역시 잘못된 편견이다. 섹스를 성(聖)스럽게 볼 필요도 있다. 어제도 잠깐 말했다. 섹스가 없었다면 나나 여러분이나 태어날 수 없었다고. 따라서 터부시할 이유는 없다고 했다. 학생들의 반응도 궁금하다. 여타 주제보다 더 열심히 들을 것으로 본다. 오늘은 근무하는 금요일이다. 대신 내일과 모레는 쉰다. 벌써 이번 주도 거의 다 지났다. 세월을 붙잡을 수는 없을까.

할 수만 있다면 조기 취업해라

'삶과 문학' 세 번째 강의를 하는 날이다. 무엇보다 학생들을 만나 기분이 좋다. 5학기째 강의지만 매번 기분이 들뜬다. "오늘은 무슨 얘기를 해줄까." 교재도 따로 없고 교양과목이다보니 강의 몰입도가 떨어질 수 있다. 게다가 중간고사, 기말고사도 따로 보지 않는다. 학생들이 강의를 빠져도 그만이다. 그러나 강의 참석률이 매우 높다. 학생들이 고맙지 않을 수 없다. 사실 2학기는 강의가 느슨해지기 마련이다. 직업 전문 대학이라서 조기 취업을 해 나가는 학생도 적지 않다. 그런 학생이 많을수록 좋다. 취업이 어렵기에 박수받을 만한 일이다. 학생들과 카톡으로 소통하는 것은 하루도 빠지지 않았다. 그것만 읽어도 내 강의의 80%는 소화한 것과 마찬가지다. 하지만 그마저도 읽지 않는다면 곤란하다. 2~3분이면 읽을 수 있는 분량이다. 오늘은 강의가 끝난 뒤 제일 나이 많은 학생과 점심을 하기로 했다. 52세 가정주부 만학도다. 취미 삼아 다시 학교에 들어왔을 법하다. 아직 자세한 얘기는 못 들었다. 그러나 내 강의에 가장 귀를 기울이는 분이다. 새벽 공기가 상쾌하다. 하루를 힘차게 열자.

사무실로 초대하는 이유

페친들과 즐거운 저녁 시간을 가졌다. 6시 30분에 만나기로 했는데 세 분 모두 약속을 지켰다. 먼저 회사로 오셨다. 식당이 바로 이웃이어서 일찍 오시면 회사에 들를 것을 주문했다. 내가 사는 모습을 보여드리고 싶었다. 손님을 초대하는 원칙이기도 하다. 사무실은 누추하고 초라하다. 좁고 화려한 집기도 없다. 그래서 처음 오는 분들은 놀란다. 더러는 내가 양탄자 깔린 사무실에 여비서를 두고 있는 줄 안다. 겉모습이 그렇게 보였을 지도 모른다. 그래서 더더욱 사무실 방문이 필요하다. 사람은 겉만 보고선 모른다. 속을 찬찬히 들여다 볼 필요가 있다. 겉보다는 속이 중요한 이유이기도 하다. 대개 우리 나이 또래의 직장인이라면 근사한 사무실에 근무한다. 실제로 회사의 대표 또는 중역으로 있는 친구가 적지 않다. 신문사 논설위원실은 그들의 사무실과 비교하면 하꼬방 수준. 하지만 나는 좁은 공간마저도 감사하게 생각한다. 일할 수 있는 공간이 있기 때문이다. 사무실이 작으면 어떠하랴. 내가 사는 집도 마찬가지다. 오래된 아파트에서 23년째 살고 있다. 거의 원주민 수준. 아파트도 낡을 대로 낡았다. 그래도 비가 새지 않고 바람을 피할 수 있으니 이 또한 감사한 마음이다. 물론 집으로도 지인들을 자주 초대하는 편이다. 사무실로 초대하는 이유와 같다. 사람 사는 집에는 사람이 찾아와야 한다. 내가 늘상 말하고 실천하는 바다.

변양호 신드롬

『변양호 신드롬』. 얼마전 변양호 보고펀드 대표님이 나에게 주신 책이다. 자신의 두 번에 걸친 투옥과 재판 경험을 책으로 엮은 것. 변 대표님은 현대자동차, 외환은행 론스타 건으로 두 번 기소됐다. 이 과정에서 무려 292일을 구치소에 있었다. 하지만 재판 결과는 둘 다 무죄. 억울하게 수감 생활을 한 셈이다. 가장 잘 나갔던 공무원. 행정고시 19회 수석으로 재무부(현 기재부)에서 승승장구했다. 꽃 보직이라는 금융정책국장도 2년 10개월이나 했다. 장, 차관은 따논 당상이라는 직책이다. 대검중수부와의 싸움이 리얼하게 그려져 있다. 마치 영화의 한 장면 같기도 하다. 남편, 아빠를 감방에 보낸 아내와 딸의 심정은 어떠했겠는가. 가족의 힘은 대단했다. 그들은 남편과 아빠의 결백을 믿었다. 신앙의 힘도 상대방을 용서할 수 있게 했다. 자신을 감옥에 보낸 사람과 검찰을 원망할 법도 한데 그는 둘을 용서했단다. 가족은 위대하다. 신앙도 위대하다. 인간 역시 위대하다. 책을 읽으면서 느낀 감정이다.

거짓 없이 살았소

하루만에 정상적인 패턴으로 돌아왔다. 저녁 9~10시 사이에 자고 두 시에 일어나는 것. 나에게 가장 익숙한 생활 방식이다. 오래된 지인이 메시지를 보내왔다. 전화번호와 이메일을 알려달라고 했다. 왕성한 사회활동을 하고 계신 분이다. 텔레비전 방송에도 자주 나온다. 이처럼 페북의 장점이 있다. 소식이 궁금한 사람에게 근황을 물을 수 있다. 내 이름은 한 명밖에 없어 찾기도 쉽다. 그냥 '오풍'만 치면 된다. 나는 일상을 거의 전부 페북에 싣고 있다. 삶의 방식을 공유하고 싶어서다. "어떻게 그럴 수 있느냐"는 질문도 종종 받는다. 너무 적나라하다는 것이다. 정직을 모토로 삼는 나에게 가식이란 있을 수 없다. 모든 사람이 정직했으면 하는 것이 나의 바람이기도 하다. 그렇다면 나부터 실천하는 것이 옳다. 물론 쉬운 일은 아니다. 정직해지려면 거짓말은 금물이다. 거짓은 또다른 거짓을 낳는다. 그래서 날마다 나를 되돌아본다. 거짓 없이 살았는가. 내가 영원히 추구해야 할 생활신조다.

운동보다 더 좋은 보약은 없다

어젠 낮술에 취했다. 웬만해선 정신을 차리는데 집에 돌아온 이후 기억이 거의 안 난다. 12시부터 2시30분까지 계속 술을 마셨으니 취할 법도 하다. 산삼주, 소주, 양주를 번갈아 마셨다. 집에 돌아와 저녁도 안 먹고 잤다. 아내에게 잔소리도 들었다. 대낮에 만취해서 들어오니 좋아할 리 있겠는가. 새벽 1시30분에 일어났으나 정신이 맑지 않아 학생들에게 띄워주는 메시지도 못 보냈다. 학생들이 조금 이상하게 생각했을 것이다. 대신 술도 깰 겸 아침 운동을 나갔다. 한강합수부 벤치에서 5분 가량 쉰 뒤 선유도를 경유해 돌아왔다. 1시간 30분 정도 걸었다. 그랬더니 정신도 확 맑아진다. 운동보다 더 좋은 보약은 없다. 내일은 일요일 근무. 다음 주는 금요일 근무하고 일요일은 쉰다. 9월도 열흘밖에 남지 않았다. 마무리를 잘하자.

단골 식당

내가 가장 좋아하는 형님과 점심을 한다. 김은섭 전 대경대 총장님. 나보다는 8살 위다. 그 분이 91년 대전엑스포에 파견나와 계실 때 처음 만났다. 그러니까 24년째 인연을 이어오고 있는 셈이다. 원래는 교육부 출신. 9급으로 출발해 전북부교육감, 교육부 감사관, 학술원 사무국장, 한국장학재단 상임이사 등을 지냈다. 입지전적 인물이라고 할 수 있다.
내가 청와대 출입할 때 그분도 교육비서관실 행정관으로 있었다. 보통 인연이 아닌 것은 확실하다. 한 분을 세 곳의 출입처에 만났으니 말이다. 처음 만났을 때부터 호형호제하며 지내왔다. 물론 부부동반으로 만나기도 한다. 오늘 가는 식당은 불광동 통나무집. 아마 전국에서 옻닭을 가장 잘할 게다. 국물이 그렇게 시원할 수가 없다. 강춘옥 사장님의 김치와 백김치도 전국 최고. 손맛이 정말 뛰어나다. 강 사장님의 넉넉한 웃음도 트레이드 마크. 김 전 총장님도 그 집의 단골. 통나무집에서 도우미로 계신 분 아들의 주례도 내가 섰다. 식당 사장 및 직원들과도 가족처럼 지낸다. 벌써부터 군침이 돈다.

골프는 과분해

내일은 오후에 운동을 한다. 안성 마에스트로. 두 달 전쯤 지인들과 저녁을 하다가 운동 약속까지 했다. 한 분은 기재부 고위관리 출신으로 펀드 업계에서 꽤 유명한 분이다. 이름만 대면 다 안다. 요즘도 한낮에는 무척 덥다. 가을 햇살이 더 탄다고 한다. 나는 일행의 차를 이용하기로 했다. 솔직히 장거리 운전은 자신이 없다. 운전대만 잡으면 조는 버릇이 있기 때문이다. 사고는 깜빡하는 사이 난다. 맥주나 와인이라도 한 잔 걸치면 졸음이 더 쏟아진다. 골프, 분명 재미는 있다. 직장인의 스트레스를 해소하는 데는 그만한 운동이 없다. 그러나 비용이 많이 들고, 시간도 오래 걸리는 게 단점이다. 나 같은 직장인에겐 다소 과분한 운동이다. 재미를 느끼면서도 흥미를 갖지 못하는 이유이기도 하다. 올해 마지막 라운딩이 될 가능성도 없지 않다. 그런 만큼 즐겁게 놀다 와야 하겠다.

평생 꿈은 싱글

역시 술은 수면제 효과가 있다. 어제 마신 술 때문인지 늦잠을 잤다. 4시에 일어났다. 평소보다 1~2시간 늦게 일어난 것. 창문을 열어보니 밖에 비가 온다. 그래서 오늘도 새벽 운동을 못 나갔다. 서울지역의 경우 내일까지 비가 온다고 한다. 내일 지인들과 운동을 하기로 했는데 못 할 가능성도 있다. 비를 맞으면서까지 골프를 칠 수 없지 않겠는가. 그래도 골프장엔 갈 생각이다. 식사만 하고 오더라도 그게 에티켓이다. 다음 주 토요일도 운동을 한다. 올해 마지막 라운딩이 될지도 모르겠다. 그다지 흥미도 없거니와 미리 잡아놓은 약속도 없다. 골프도 욕심이 있어야 실력이 느는데 그렇지 못하다. 빈 스윙을 하지 않는 것이 내 특기다. 타석에 올라가자마자 공을 쳐 캐디가 내 공을 자주 놓친다. 대신 진행이 빠르다며 좋아하기도 한다. 평생 꿈은 싱글. 싱글을 하면 골프채를 접을 생각이다. 그러나 그 꿈이 이뤄질 리 없다. 평생 골프를 치란 얘기다. 내일과 모레 쉬고 일요일 근무한다. 페친들도 즐거운 시간 되시라.

DJ를 그리며

어제가 김대중(DJ) 전 대통령 서거 5주기였다. 세월이 참 빠르다. 돌아가신 것이 엊그제 같은데 말이다. DJ가 그립다. 그분의 업적에 대해서는 굳이 말할 필요가 없을 것 같다. 국민의 정부 마지막 청와대 출입기자단 간사로서 DJ 곁을 지켰다. 그래서 누구보다 가까운 거리에서 DJ를 지켜볼 수 있었다. 충남 보령 출신인 내가 간사를 맡은 것도 아이러니 아닌 아이러니다. 나에겐 커다란 영광이었다. 지금도 긍지와 자부심을 갖고 있다. 알려진 바와 달리 상당히 인간적인 분이었다. 특히 기자들을 매우 아끼셨다. 아들, 손주처럼 대해주셨다. 외국에 나가서도 기자들이 불편한 점이 없나 꼭 챙기라고 말씀하셨단다. 말이 그렇지 쉬운 일이 아니다. 퇴임 후에도 1년에 한 번씩은 기자들을 불러 밥을 사주셨다. 돌아가시기 1년 전에도 그랬다. 내가 대표로 인사말을 했다. "내년에는 저희가 대통령님을 모시고 점심을 대접해 드리겠습니다." 그러나 그 약속은 지키지 못했다. DJ가 끝

내 일어나지 못했기 때문이다. 이희호 여사님이라도 오래 건강하게 사시길 빈다.

자주 만나야 정도 쌓이는 법

오늘부터 사흘 연휴다. 어쨌든 쉬는 것은 좋다. 그러나 나는 근무한다. 오늘 같은 휴일날은 점심을 먹고 출근한다. 무엇보다 일을 할 수 있다는 데 감사한다. 휴일은 논설위원 절반 근무. 둘이 나와 사설 및 칼럼을 쓴다. 오늘 근무하면 토, 일요일 이틀 쉰다. 이번 토요일엔 초등학교 친구 부부와 저녁을 하기로 했다. 내가 초대한 것. 아내들이 있어 조금 근사한 곳을 골랐다. 여자들은 분위기를 좋아하기 때문이다. 그 친구와는 자주 만나는 사이. 부부 동반 모임도 한두달에 한 번은 한다. 남자들끼리는 말할 것도 없고, 아내들도 무척 가까워졌다. 이처럼 자주 만나야 정도 쌓이는 법. 가급적 부부 동반 모임이 좋다. 게다가 아이들까지 함께하면 금상첨화다. 인생의 낙은 멀리 있지 않다. 가까운 사람부터 챙기면 된다. 남이 나를 불러주기 전에 내가 먼저 남을 부르면 된다. 쉬운 것 같으면서도 어려운 과제다. 실천이 중요하다.

해후

25년만에 대학 동기를 만났다. CJ엔터테인먼트 사장을 지낸 김주성 군이다. 영화 '해운대'의 제작자다. 그 친구는 처음 광고회사에서 출발했다. 삼성,CJ를 거쳐 최근까지 KT미디어허브 대표로 있었다. 최근 자기 사업을 하려고 그만뒀단다. 영화 투자, 제작, 배급자로 나설 모양이다. 전문성을 갖춘 친구라 반드시 성공을 거둘 것으로 본다. 나는 철학과, 그 친구는 사학과를 나왔다. 사회학과를 나와 미국으로 건너간 친구가 한국에 와서 셋이 다시 만난 것. 사학과를 나온 아내도 함께 했다. 80년대 초반 대학 시절 얘기로 꽃 피웠다. 이처럼 살아 있으면 다시금 만난다. 그래서 건강해야 한다. 아프지 않은 게 정말 다행이다. 다시 만날 것을 약속하고 헤어졌다. 오늘도 의미 있는 하루였다.

삶과 문학

쉬는 금요일이다. 격주로 금요일도 쉰다. 대신 일요일은 근무. 주 5일제를 철저히 지키는 셈이다. 그런 회사가 고맙다. 다음 학기 강의는 화요일이나 목요일 한다. 어제 대구 학교측에서 교무팀장이 연락을 해왔다. "교수님 다음 학기 강의는 월~목요일 중에서 하루 잡아주시죠" 상대적으로 화, 목요일이 괜찮아 이틀 중

하루를 택해달라고 했다. 강좌 제목도 정했다. '삶과 문학'. 그렇다고 문학을 전공한 것도 아니다. 하지만 내가 생각하는 문학을 학생들에게 전파할 계획이다. 그것은 바로 형식 파괴다. 삶을 있는 그대로 옮기면 문학이라고 생각한다. 생활문학이라고 할까. 물론 나의 해석이다. 9월 1일 개강. 다음 학기 강의를 하면 5학기째. 학생들과의 만남이 기대된다.

전복 돌솥 비빔밥

오늘도 귀한 손님이 회사를 방문한다. 페친이다. 보름 전쯤 연락이 닿아 초대했더니 응해주셨다. 항상 그렇지만 새로운 페친은 만날 때마다 설레인다. 나만 그런 것이 아니라 상대방도 그럴게다. 만남의 묘미라고 할까. 누군가를 기다린다는 것은 흥미롭다. 삶의 재미를 더하기도 한다. 회사에 들렀다가 점심을 함께할 참이다. 메뉴는 전복 돌솥 비빔밥. 단골로 다니는 음식점에서 개발한 메뉴다. 미리 주문해야 먹을 수 있다. 어제도 가서 맛을 봤다. 내 입맛에는 딱 맞는다. 같이 간 초등학교 친구 녀석도 극찬을 했다. 건강식으로도 최고였다. 페친도 좋아하셔야 할 텐데. 그보다는 만남에 더 의미가 있다. 때문에 기분 좋게 하루를 시작한다. 지금 시간은 1시 30분. 평소보다 1시간 가량 일찍 일어났다. 모든 페친께 굿모닝.

노후 생각

나의 20~30년 뒤를 생각해본다. 수명이 길어져서 그때까진 살게 될 터. 뭘 하고 사느냐가 중요하다. 일흔까진 일을 하고 싶다. 얼마 전 아내와 아들 녀석이 점을 보고와서 하는 말. "아빠, 68세까지는 활동을 한대." 몸만 건강하다면 무슨 일인들 못하랴. 건강하게 오래 살아야 한다는 얘기다. 그러기 위해서는 평소 몸관리를 해야 한다. 자기 스스로 할 수밖에 없다. 내가 새벽에 8km씩 걷는 것도 그 일환이다. 수명이 늘어나도 퇴직 연령은 크게 바뀌지 않았다. 대부분 55~60세에서 직장을 그만둔다. 옛날에는 할아버지 같았지만 지금은 청년이다. 정신도, 건강도 그렇다. 그러나 이들을 위한 일자리는 흔치 않다. 언론사만 하더라도 그렇다. 요 몇 년 사이 퇴직한 동료들이 거의 논다. 할 일이 없기 때문이다. 나는 무척 행복한 편. 논설위원과 대학 초빙교수를 겸직하고 있다. 나를 써준 신문사와 대학 측이 고마울 따름이다. 일 할 수 있는 공간이 있다는 게 얼마나 행복한 줄 모른다. 지금 이 순간도 마찬가지다.

몸 신호 무시하지 말라

또 다시 월요일이다. 나의 일주일은 거의 똑같다. 새벽 두세 시쯤 일어나 하루를 시작한다. 맨 먼저 과일을 한 개 깎아 먹는다. 요즘은 사과 대신 계절 과일을 즐긴다. 오늘도 복숭아 1개를 맛있게 먹었다. 그다음은 봉지 커피. 커피 향이 좋다. 한강엔 4시 30분 전후해 나간다. 도착하면 5시~5시 10분. 매일 앉는 벤치에서 10~20분 가량 쉰다. 그리고 집에 돌아오면 6시 전후. 이 같은 스케줄의 오차는 5분 내외다. 그런데 오늘은 오른쪽 사타구니가 아프다. 무슨 영문인지 모르겠다. 어제 저녁부터 쑤시기 시작하더니 조금 심하다. 자칫 운동을 못 나갈지도 모르겠다. 앉는 자세 때문인가. 사람 몸은 기계와 달라 조금만 아파도 금방 신호가 온다. 상태를 보고 판단해야 할 것 같다. 아프면 무조건 일찍 치료해야 한다. 키우면 절대로 안 된다. 열대야는 한풀 꺾인 듯하다. 찜통 더위는 아니다. 이번 주도 힘차게 출발하자.

비정규직의 행복

무지 덥다. 그동안 선풍기로 버티어 왔는데 어제, 그제는 에어컨을 켰다. 지금 시간 2시 20분. 문을 다 열어놓아도 덥기는 마찬가지다. 선풍기에 의존하고 있다. 아직 서울은 태풍의 영향권 밖에 있는 것 같다. 바람도 그리 많이 불지 않는다. 비도 안 온다. 두 시간쯤 있다가 운동하러 나갈 참이다. 이열치열이라고 했다. 걷고 샤워를 하면 최고다. 또 이렇게 일주일이 지나가고 있다. 오늘 저녁에 '나눔' 번개 모임이 있다. 회원 중 한 분이 크게 영전을 했다. 자리를 함께 해야 하는데 그러지 못해 아쉽다. 하지만 그 기쁨은 같이 한다. 월급쟁이에게 승진은 최고의 선물. 승진에 목을 매는 이유이기도 하다. 부질없는 이유라는 것을 알면서도 거기에 집착한다. 지금 내 위치는 거기로부터 자유롭다. 인사이동을 신경쓰는 자리에 있지 않기 때문이다. 논설위원도, 초빙교수도 정규직이 아니어서 그렇다. 비정규직이 느끼는 행복의 아이러니다.

개똥 철학

'나는 누구인가' 오늘 새벽은 나 자신에 대해 물어본다. 거기에 인생의 정답이 있기 때문이다. 그러나 대부분의 사람들이 남이나 환경 탓을 한다. "내 탓이오" 하기가 그렇게 어려운가. 자신이 없으면 "내 탓이오"를 할 수 없다. 그렇다면 나는 자신이 있는가. "아니다"라고는 얘기하고 싶지 않다. 지금껏 남탓을 해본 적은 없다. 잘 되든, 못 되든 남탓으로 돌리지는 않는다. 나 스스로에게 무한책임을 느낀다. 욕심을 버려서 그게 가능한지도 모르겠다. 죽음도 두렵지 않다. 그러니 못할 것이 없다. "아니오"라는 말은 내 입에서 거의 나오지 않는다. 무엇이든지 "일단 해보자"고 한다. 긍정은 부정을 이긴다는 확고한 신념을 갖고 있어서다. 나는 이것을 '오풍연의 개똥철학'이라고 한다. 공감하는 분이 얼마나 될까.

골프는 장갑을 벗어봐야

브리티시여자오픈 마지막 라운드를 보고 있다. 박인비 선수를 응원하기 위해서다. 이번 대회를 우승하면 커리어 그랜드슬램을 달성하게 된다. 전 메이저 대회를 제패하게 되는 것. 18번째 홀. 티샷이 깊은 러프에 빠졌다. 여기서 잘 빠져나와야 버디를 기대할 수 있다. 미국의 모 마틴 선수는 −1로 이미 경기를 마친 상태. 박 선수의 두 번째 샷도 페어웨이를 벗어났다. 세 번째 샷이 운명을 가른다. 무조건 가깝게 붙여야 한다. 그러나 벙커에 빠졌다. 이 샷을 넣어야 연장전에 갈 수 있다. 쉽지 않을 것 같다. 결국 박 선수의 그랜드슬램 달성은 무산됐다. 마지막 파 파이브 홀 두 개서 1개의 버디도 못했기 때문이다. 이처럼 골프는 모른다. 장갑을 벗어봐야 알 수 있는 경기. 아쉽다. +1로 경기를 마쳤다. 단독 4위. 그래도 최선을 다했다. 매번 우승할 수야 없지 않겠는가.

비정상의 정상화

휴가 중 사흘째 1시30분 일어났다. 우연의 일치인지는 몰라도 기상 시간이 똑같다. 오늘도 일어났더니 아내와 아들 녀석은 자러 들어간다. "아빠, 안녕" 둘은 이런 나를 보며 비정상이라고 놀린다. 남과 반대로 살아서 그럴까. 나는 나를 합리화시킨다. 졸리면 자는데 무슨 걱정이냐고. 휴가 중에는 저녁 9시를 넘기기 힘들었다. 잠이 쏟아진다. 그럼 바로 잔다. 일찍 깰 수밖에 없는 이유다. 4~5시간은 너끈하게 자는 셈. 수면이 부족할 리 없다. 그다음은 나만의 시간이다. 난 새벽이 좋다. 모두 잠든 시간에 스릴을 느낀다고 할까. 5년 동안 7권의 에세이집을 쓸 수 있었던 것도 새벽을 즐겼기 때문에 가능했다. 이 같은 생활습관을 바꿀 생각은 없다. 나에겐 비정상의 정상화다. 오늘 새벽도 상쾌하다.

형님들

이번 주는 점심 약속만 현재 4개. 월요일부터 목요일까지 선약이 잡혔다. 금요일도 지인과 점심을 할 것 같다. 오늘은 메가넥스트 김성오대표, 효성그룹 권오용 사장과 점심을 한다. 김 대표는 베스트셀러 『육일약국 갑시다』의 저자. 나와 법무부 정책위원을 3년간 함께 했다. 나보다 두 살 위로 호형호제하며 지낸다. 나에게 첫 번째 에세이집 『남자의 속마음』을 낼 수 있도록 동인을 제공해준 분이다. 그분에게서 사인이 든 책을 받고, 같은 출판사에 보낸 원고가 채택돼 책이 나왔다. 대형출판사인 21세기북스다. 행운이라고 할 수 있었다. 그 덕에 지금까지 7권의 에세이집을 냈으니 말이다. 대학 선배인 권 사장도 알고 지낸지 20여 년 넘었다. 90년대 초 경제부에 잠깐 있을 때 처음 만났다. 권 사장은 당시 전경련 홍보실에 있었다. 권오준 포스코 회장이 그의 친형이다. 내가 두 분을 소개하는 자리다. 뜻깊은 만남이 될 것 같다.

초등학교 선생님

한 페친과 즐거운 저녁 시간을 보냈다. 인천에 살고 계신 초등학교 5학년 여자 담임 선생님. 학교에서 수업을 끝낸 후 여의도 신문사로 찾아오셨다. 이번이 두 번째 방문. 보통 정성이 아니다. 저녁 초대에 흔쾌히 응해주셨다. 우리나라는 이처럼 여자분들이 적극적이다. 더러 남자분들도 초대하지만, 직접 찾아오는 예는 드물다. 이 선생님을 맨 처음 뵌 것은 지난해 3월 왕십리에서 북콘서트를 했을 때였다. 당시에도 인천에서 혼자 오셨다. 2011~2012년 지하철 무가지 메트로신문에 칼럼을 연재할 당시 알게됐다. 내 칼럼을 읽고 메시지를 보내와 인연이 닿았다. 출근할 때마다 메트로신문을 읽고 반응을 보내오기도 했다. 주 1회 쓰는 칼럼이었다. 저녁을 간단히 먹고 다시 회사로 들어와 커피를 대접했다. 밖에서 먹는 것보다 사무실을 구경시켜드리는 게 낫다고 판단해서다. 진정한 초대는 집으로의 초대다. 자기가 사는 모습을 보여줄 필요가 있다는 얘기다. 선생님이 유럽 여행 중 구입한 볼펜 두 자루를 선물로 주셨다. 나를 생각하고 준비했다는 것이 더 고마웠다. 나는 7번째 에세이집 『그곳에는 조금 다르게 행복한 사람들이 있다』를 드렸다. 두 시간 가량 대화를 하고 헤어졌다. 어제 밤처럼 행복은 멀리 있지 않다. 반가운 손님과 담소를 나누는 것도 행복이다.

나는 괜찮은 놈인가

내가 나에게 묻는다. "인간 오풍연은 괜찮은 놈인가" 나는 "그렇다"고 대답할 터. 하지만 그것은 내 생각이다. 남이 "괜찮다"고 해야 "괜찮은" 놈이다. 오늘도 그런 생각을 가져본다. 모임이 두 개 있었다. 하나는 대전에서 고교 은사님들을 모시고 하는 사은회. 또 하나는 한 달에 한 번씩 만나는 '나눔' 모임. 나는 결과적으로 '나눔' 모임에 참석했다. 은사님께는 죄송하기 짝이 없다. 변명 같지만 '나눔' 모임은 세월호 사건 때문에 세 달 만에 만났다. 그것도 내가 근무하는 여의도로 장소를 정해 어찌할 수 없었다. 모임을 주선한 대전, 서울 총무에게는 미리 얘기했어도 미안한 마음 뿐이다. 올해는 꼭 선생님들을 뵙고 싶었다. 금요일인 게 아쉬웠다. 토요일은 쉬니까 언제든 참석할 수 있다. 나 하나 때문에 토요일날 하자고 얘기할 수도 없었다. 밴드에 올라온 은사님들을 보니까 내년에도 건강하실 것 같았다. 내년에는 어떠한 일이 있더라도 사은회에 참석할 참이다. 내년에는 스승님들께도 '괜찮은' 놈이 될 것을 약속한다.

골프를 치지 않는 이유

비가 온다. 언제 그칠지 모르겠다. 오늘 아침 티업 시간은 7시 52분. 그치면 좋으련만. 어쨌든 골프장엔 갈 생각이다. 만약 비가 와서 운동을 하지 못하면 춘천 친구 공장에 들를 계획이다. 친구는 케이디파워 박기주 의장이다. 제이드팰리스 골프장에서 그리 멀지 않다. 어제 친구와도 연락이 됐다. 그 친구는 골프를 치지 않는다. 운전기사도 없다. 수천억 원의 매출을 올리는 데도 여전히 일만 한다. 내가 좀 부끄러울 정도다. 친구가 골프를 치지 않는 이유는 간단하다. 너무 시간을 많이 뺏는다는 것. 사업하는 사람에게 시간은 곧 돈이다. 사실 오가는 시간을 포함해 8~10시간이 드는 만큼 낭비적 요인도 없지 않다. 주말에 골프를 나가면 하루를 거의 빼앗긴다. 이런 골프를 계속 쳐야하나. 나에게도 영원한 숙제다.

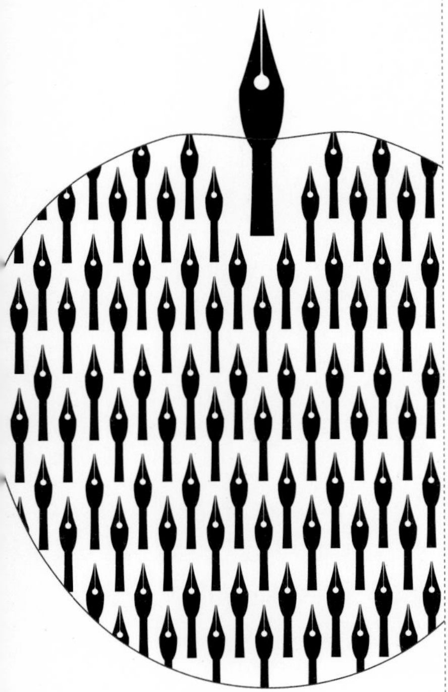

받는 사람

보내는 사람

• 하단의 쿠폰을 제시하시면 **누브티스** 넥타이박물관에서 아메리카노 한 잔 제공!

누브티스 :
성북구 성북동 30–1 누브티스
02) 765.0252

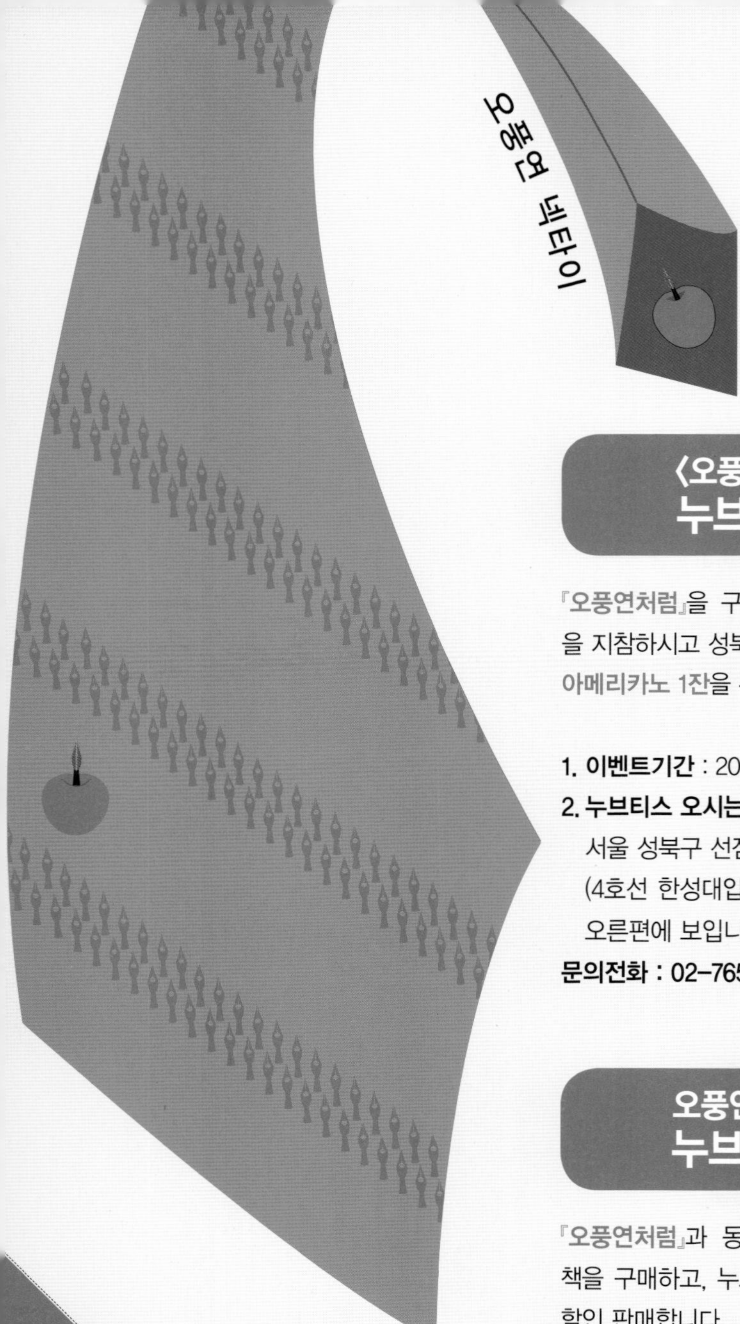

〈오풍연처럼〉 출간기념
누브티스 이벤트1

『오풍연처럼』을 구매하신 독자분께서 책 속의 쿠
을 지참하시고 성북구 명소 〈누브티스〉를 방문하시
아메리카노 1잔을 무료로 드립니다.

1. 이벤트기간 : 2015년 9월 15일~10월 30일

2. 누브티스 오시는 방법

서울 성북구 선잠로 42

(4호선 한성대입구역에서 길상사 방면으로 오시
오른편에 보입니다.)

문의전화 : 02-765-0252

오풍연넥타이 출시기념
누브티스 이벤트2

『오풍연처럼』과 동시에 출시되는 "오풍연넥타이"
책을 구매하고, 누브티스에 오시면 정가에서 30%
할인 판매합니다.